MÉMOIRE
GÉNÉALOGIQUE
DE LA MAISON D'AUX DE LESCOUT,

Dressé sur les Actes originaux et Titres existans au Cabinet du Saint-Esprit.

Et de suite la Vie du Cardinal ARNAUD D'AUX, et celle du Commandeur DE ROMEGAS.

1788.

D'AUX DE LESCOUT.

Parti au premier d'or aux trois rocs de gueule, posés deux et un au second d'or aux trois faces de gueule.

Le premier parti est de la Maison D'AUX DE LESCOUT.

Le second est de la Maison de GOTH ou GOUT, qu'on a toujours porté depuis l'alliance de PIERRE D'AUX avec JEANNE DE GOTH.

MAISON
D'AUX DE LESCOUT, OU LESCUT (*SCULTUS*).

CETTE maison, peu favorisée de la fortune, a resté dans une médiocrité que son illustre origine n'a pu lui faire franchir. Ses membres, déchus du rang auguste qu'avaient occupé leurs ancêtres, réduits au mince état de cadets, furent forcés de se confiner dans leurs terres au fond de la Gascogne, cherchant toujours, comme avaient fait leurs auteurs, mais avec moins d'éclat, à servir utilement le prince, la patrie et la religion. Issus des comtes d'Armagnac, ils tirent leur origine d'Othon, second fils de Geraud III du nom, comte d'Armagnac, et d'Anicelle, fille d'Odon, vicomte de Lomagne; lequel Geraud après avoir recueilli la succession du comté de Fezensac, fit prendre à Othon, son second fils, le nom d'Aux, de celui de sa métropole, dont l'orthographe n'a varié que depuis quelque siècle. Othon fut apanagé de la seigneurie de Lescut, et fut marié, vers l'an 1145, avec Stephanie de Montpelier, qui lui porta en dot la seigneurie de ce nom, où il fixa sa résidence et celle de sa postérité. En l'année 1161, il rendit hommage, tant en son nom que pour Stephanie, sa femme, à raison de la seigneurie de Montpelier, au prieur et bénédictins de la Romieu, qui en étaient les suzerains. Othon et ses descendans ont en divers temps porté les armes d'Armagnac, comme on peut le justifier par le témoignage de Pierre Frison et par des monumens antiques. Si toutes les branches de la maison d'Aux ne les ont pas exactement portées, il y en a qui ne les ont jamais abandonnées. Fort d'Aux, évêque de Poitiers, en fit orner le frontispice du château d'Issai qu'il fit construire. On les découvrait

Archives de St. Victor de Marseille.

Gallia Purp., p. 282.

Cabinet des Ordres du Roi.

encore, il y a quelques années, sur une porte presque ruinée du château de Montpelier ; on les voyait encore de nos jours sur la porte cochère de ce bâtiment antique, qu'on croit qu'Arnaud-Guillem d'Aux fit construire à la Romieu, au quartier de Rouede.

Archives du Chapitre de la Romieu.

Nous apprenons le nom du fils d'Othon par un acte encore existant aux archives du chapitre collégial Saint-Pierre de la Romieu, de l'année 1190, dans lequel Pierre d'Aux est cité comme noble. On présume que ce Pierre fut père d'Arnaud-Guillem d'Aux, seigneur de Montpelier et de Lescut, mentionné dans un acte du prieuré des bénédictins de la Romieu, de l'année 1223, et que c'est Arnaud-Guillem qui fit construire ce bâtiment antique encore existant, dont la structure et la porte cochère, qui était ornée des armes d'Armagnac, annoncent le rang distingué de ceux qui l'habitaient ; il est uni par une substitution perpétuelle au droit de patronage du chapitre de la Romieu, ainsi que le palais du cardinal d'Aux, en faveur de l'aîné des mâles de cette maison. Arnaud-Guillem fut père de Pierre d'Aux de Lescout ou Lescut (*Scultus*), par lequel nous commencerons ce mémoire généalogique, après avoir fait préalablement quelques observations.

Ibidem.

Presque tous les noms propres se sont ressentis de l'ignorance des temps, plus en Gascogne qu'ailleurs, à raison de la variété de l'idiome et de sa prononciation. Le nom de *Scultus*, employé dans les actes originaux écrits en latin, a été diversement traduit. Les auteurs anciens et quelquefois les modernes sont sujets à être peu corrects dans l'emploi des noms propres. Un même auteur parlant d'un même personnage, le nomme indifféremment Lescu, Lescut, Lescout, Lescun. Froissard en convient dans une de ses notes, dans laquelle il reconnaît que celui qu'il nomme mal à propos le sire de Lestin, est celui qu'il a déjà nommé aux chapitres 104 et 106 Lescu et Lescun, et que Lachaux nomme Lescut. Après cette note, dans la suite de son ouvrage, Froissard le nomme toujours Lescut. Jean Baudoin, dans son histoire de l'ordre de S. Jean de Jérusalem, n'est pas plus conséquent quand il parle du commandeur de Romegas : dans le tome premier il le nomme Mathurin de Lescout, et dans le second livre, premier intitulé des sommaires, il le nomme Maurice de Lescu, surnommé Romegas. Celui qui n'aurait lu que ces deux chapitres, attribuerait à deux différens personnages les faits qu'il rapporte. L'inattention de l'abbé de Vertot est encore plus choquante : la première fois qu'il cite le chevalier de Romegas, il le nomme Mathurin de Lescut, et ailleurs Mathurin de Lescur, et dans le relevé qu'il donne à la fin du quatrième volume de son édition in-4.° de l'histoire de Malte, du nom de ceux qui se trouvent dans les registres des deux grands prieurés de Saint-Giles et de Toulouse, où il mentionne l'année de leur entrée dans l'ordre et le blason de leurs armes, il le nomme Mathurin de Lescout, surnommé Romegas.

Froissard, tom. 1, ch. c. III. f. 117.

J. Baudouin, hist. de St. Jean de Jerus., tom. f. 431.

Ibidem. Ier. intitulé des somm., f. 110.

Nous sommes forcés d'omettre dans ce mémoire deux branches principales de la maison d'Aux, dont l'une existe encore en Espagne et y tient un rang distingué. En 1436, Martin d'Aux était ambassadeur de la cour auprès du roi Alonse d'Aragon. Il est fait mention, dans le mercure de France de l'année 1642, de Don Emmanuel d'Aux, Catalan, capitaine de cavalerie, fait prisonnier au combat qui se donna près de Coliouvre, entre M. Lamothe commandant les Français combinés avec les Catalans, et M. le marquis de Povar, commandant les Espagnols. Le père Anselme dit que cette branche tire son origine des coseigneurs de la Romieu.

Genéal. del nuevo Reyno de Grenada, libro 1, vol. 1, p. 281.

Cabinet des Ordres du Roi.

Mercure de France.

La seconde branche omise est celle des seigneurs de Blanzac, du diocèse d'Uzés en Languedoc. Le roi Jean fit don, en 1353, à Pierre d'Aux, écuyer, du château de Blanzac. La sœur de ce Pierre fut mariée avec Guillaume de Canillac. Bertrand d'Aux, son oncle, fut fait archevêque d'Embrun en 1323. Il fut envoyé, en 1329, par le pape Jean XXII, avec le titre de légat, pour pacifier les différens survenus entre les comtes de Foix et d'Armagnac, et quatre ans après au roi de Sicile et au doge de Vénise. Il fut fait évêque de Sabine, cardinal et vice-chancelier de l'Eglise romaine, et mourut à Avignon en 1355. Gausselain d'Aux, son neveu, fut évêque de Nîmes et de Maguelone. Bertrand d'Aux occupait, en 1342, le siége épiscopal de Nîmes; il mourut en 1348 à Montefiascone en Italie. Cette branche a produit un autre cardinal qui, en 1529, était chargé par le roi François I.er de ses affaires à la cour de Rome.

Histoire générale du Languedoc, tom. IV, p. 216 et suivantes.

[illegible]

Page 283.

Cabinet des Ordres du Roi.

I.

Noble Pierre d'Aux de Lescut (*Scultus*), chevalier, seigneur de Montpelier et de Lescut, fils d'Arnaud-Guillem d'Aux de Lescut, fut marié avec Jeanne de Goth, damoiselle qu'on croit fille de Sennebrun de Goth, seigneur de Saint-Martin de Goth ou Goucine, et de Marquese d'Ilhac. Il assista, le 9 avril 1290, avec Guillaume, Arnaud, du depuis cardinal, et Raymond d'Aux, ses trois enfans, à l'assemblée générale qui fut tenue à la Romieu, alors du diocèse d'Agen, dans laquelle il fut réglé que pour apaiser les troubles qui s'étaient élevés dans la juridiction, il serait nommé des commissaires munis de pleins pouvoirs pour régler définitivement tous les divers intérêts : à cet effet, on procéda à ladite nomination, et les suffrages se réunirent en faveur de Guillaume et Arnaud d'Aux, frères, des seigneurs du Haumont, de Liet, de Pouy et de quelques autres; l'acte en fut reçu le même jour par Raymond de Pipe, notaire de Condom.

Archives de l'hôtel de ville de la Romieu.

Pierre mourut peu de temps après, comme il paraît par l'acte de partage de ses enfans, du 24 avril 1291, reçu par Pierre du Rivat, notaire de la Romieu; par lequel nobles Guillaume et Arnaud d'Aux de Lescut, damoiseaux, adjugent à Raymond, leur frère cadet, pour tous les droits qui peuvent lui revenir, tant du chef de Pierre, leur père, que de celui de Jeanne de Goth, leur

Archives de Rouquetes.

mère, la seigneurie de Lescut avec toutes ses dépendances, et gardent par indivis le restant des biens tant paternels que maternels.

On croît que c'est Pierre qui fit bâtir une maison attenante à l'église paroissiale de la Romieu, dont une des portes est ornée de ses armes mi-parties avec celles de Goth, telles que ses descendans ont toujours portées depuis l'alliance de Pierre. Cette maison est aujourd'hui affectée pour le logement du doyen du chapitre de la Romieu.

Il est prouvé par les deux actes que nous avons cités, que Pierre d'Aux eut trois fils.

1.° Guillaume qui suit;

2.° Arnaud, qui ayant embrassé l'état ecclésiastique, fut fait chanoine de Coutance, grand-vicaire de Bordeaux, évêque de Poitiers en 1306, camerlingue de la sainte Église romaine en 1311, évêque d'Albane et cardinal en 1312. Il fut employé à diverses légations. Le 18 décembre 1317, ses procureurs fondés reçurent le serment de fidélité des consuls et communauté de la Romieu. En 1318, il fonda dans ladite ville un chapitre collégial; et par son testament du 23 août 1320, reçu à Avignon par Pierre Godin, notaire apostolique, il confirma l'acte de fondation, et nomma deux cohéritiers pour recueillir le droit de patronage laïque dudit chapitre; savoir, Geraud d'Aux, son neveu, fils de défunt Guillaume d'Aux, frère du testateur; et Arnaud d'Aux, fils de défunt Pierre d'Aux, son neveu; voulant qu'ils nomment à l'alternative à tous les bénéfices vacans; et substituant, à défaut de mâles de l'un des deux, le droit de l'un à l'autre; et le cas de réunion arrivant, il en prohibe désormais la division, et appelle successivement tous les mâles, le droit de primogéniture observé à l'exclusion des femelles. Comme un détail circonstancié nous aurait mené trop loin, nous renvoyons le lecteur au mémoire particulier de la vie d'Arnaud, lequel est inséré dans ce volume avec les autorités à la marge.

Archives du Chapitre de la Roumieu.

3.° Raymond, troisième fils de Pierre d'Aux de Lescut, qui, en vertu de l'acte de partage déja cité, du 24 avril 1291, alla s'établir dans sa seigneurie de Lescut, et y forma une branche de peu de durée. Il eut un fils qui s'adonna aux armes et n'abandonna jamais le parti du roi de France, comme s'en expliquent Lachaux et Froissard, et ce dernier en ces termes : « le roi » d'Angleterre ayant envoyé le comte d'Herbi pour faire la guerre en Gascogne, » tous les seigneurs du parti du roi de France furent mandés par le comte » de Laille; tels étaient le comte de Comminges, de Perigord, de Carmin, » de Valentinois, de Mirande, de Duras et de Mirade, le vicomte de Villemau, les sires de Laborde, de Picornet, le vicomte de Châtillon, le sire » de Chatelneuf, le sire de Lescut et l'abbé de Saint-Silver ».

Archives de Ronquetes.

Froissard, tom. 1, ch. 103, p. 117 et 118.

Pendant le cours de cette guerre, le comte d'Herbi mit le siége devant Bergerac, qui, après une vigoureuse défense, fut forcé de se rendre. « Là, » dit Froissard, prindrent les Anglais le vicomte de Bouquetin, le sire de » Châtillon, le sire de Chatelneuf et le sire de Lescut, qui furent relâchés » devant Pelagrue, en échange du comte de Kemfort et de ses compagnons ».

Le dernier de cette branche fut Jean d'Aux de Lescut, plus connu sous ce dernier nom, qu'il rendit célèbre par ses hauts faits, qui sont rapportés par Lachaux et Froissard. « En l'année 1365, le roi Don Pierre de Castille étant » venu à Bordeaux demander du secours au prince des Galles contre son frère » Henri le Bâtard, soutenu d'un puissant secours de France, à la tête duquel » était Bertrand Duguesclin, il fut assemblé un grand parlement; lors furent » lettres écrites et messages employés, et seigneurs mandés de toutes parts, » premièrement le comte d'Armignac, le comte de Comminges, le sire d'Albret, » le comte de Carmaug, le capitaine Aldebuz, le sire de Cande, le vicomte » de Châtillon, le sire de Lescut, le sire de Rosen, le sire de Lesparre, le » sire de Chaumont, le sire de Mucident, le sire de Tourtont, le sire de » Pincornet, et tous autres chevaliers et barons de Gascogne et de Guienne ». *Ibidem*, ch. 231, p. 306.

En l'année 1378, l'infant et le connétable de Castille, à la tête de dix mille Espagnols, assiégèrent la ville de Pampelune dans laquelle le vicomte de Castillon et le sire de Lescut commandaient; et quoique la garnison ne fut composée que de deux cents lances, ces deux commandans firent une si belle défense, qu'ils forcèrent l'infant et le connétable de lever le siége. La ville étant libre, le roi de Navarre y vint prendre ses quartiers d'hiver; le seigneur de Lescut alla au Pont-là-Reine, et le sire de Castillon à Mundon. *Ibidem*, tom. II, ch. XXV, p. 39 et 40.

Nous avons rapporté quelques traits de cette branche formée par Raymond d'Aux de Lescut; nous aurions désiré qu'il eût été en notre pouvoir d'en donner l'affiliation suivie, prouvée par des actes justificatifs. La dernière de cette branche fut Anne d'Aux de Lescut, qui fut mariée avec Jean d'Aux II du nom, le quatrième patron lai du chapitre Saint-Pierre de la Romieu; lequel, à la faveur de ce mariage, fit rentrer dans la branche aînée la seigneurie de Lescut qui en était sortie depuis quelques générations.

II.

GUILLAUME d'Aux, chevalier, seigneur de Montpelier, fils de Pierre d'Aux de Lescut et de Jeanne de Goth, fut un des commissaires nommés dans l'acte d'assemblée du 9 avril 1290, convoquée pour pacifier tous les différens qui s'étaient élevés dans la juridiction de la Romieu. Il consentit un acte de partage devant Pierre Durivat, notaire dudit lieu, le 24 avril 1291, par lequel Arnaud et lui cèdent à Raymond d'Aux, leur frère cadet, la seigneurie de Lescut pour tous les droits qu'il peut prétendre sur l'hérédité de Pierre d'Aux et de Jeanne de Goth, leurs père et mère. Guillaume est nommé comme mort dans le testament du cardinal d'Aux, son frère. On ignore le nom de sa

Archives de l'hôtel de ville de la Romieu.

Archives de Rouquetes.

femme ; il fut père des enfans ci-après énoncés, tous justifiés par des actes.

Enfans.

1.° . . . Pierre qui suit.

Ibidem.

2.° . . . Geraud d'Aux, coseigneur de Montpelier, fut un des deux cohéritiers institués au testament du cardinal d'Aux, son oncle, qui le nomma patron lai de l'église collégiale Saint-Pierre de la Romieu, conjointement avec Arnaud d'Aux, petit neveu du testateur. Geraud se prêta avec zèle à la fondation dudit chapitre ; il y contribua considérablement de ses biens et de ses soins, comme nous l'apprenons par le testament du cardinal d'Aux. Quelque temps avant sa mort, se voyant sans postérité, Geraud céda sa portion du droit de patronage à Pierre d'Aux, son neveu, comme nous le verrons ci-après. Il donna le dénombrement de ses fiefs nobles le 14 mars 1346 devant noble Aimerie de Manse, Viguier royal de Figeac, commissaire à ce préposé par le roi.

Archives de Lagarde-Fimarcon,

Et du Chapitre de la Romieu.

Il mourut peu de temps après sans enfans. Après sa mort, son corps fut déposé dans un tombeau formé en voûte dans l'épaisseur du mur de l'église collégiale Saint-Pierre de la Romieu dont il était le premier copatron lai. Sur son mausolée, était de grandeur naturelle et en relief sa représentation en chevalier armé de toutes pièces, en cuivre doré et azuré, artistement élaborée.

Duchene, histoire des Card. Franç.

3.° Fortius ou Fort d'Aux, évêque de Poitiers, fut le successeur d'Arnaud son oncle, qui le fit pourvoir de cet évêché, lorsqu'il fut lui-même nommé à celui d'Albanc. Il fit quelque accord en 1327 avec Gervais, abbé de Bourges, et en 1334 il donna son consentement à celui qui fut fait entre son chapitre et l'abbaye de Mahaud et le couvent de la Sainte Trinité de Poitiers ; il acheta, de Guy et Jean de Gozon, frères, ses hommages, à cause de son château de d'Issay, 10 livres tournoises de rente : l'acte en fut passé le vendredi après la fête de Saint Hilaire de l'année 1335 ; et au mois de juin de l'année suivante, il acquit de Guy de Gozon une portion de la forêt de Chauvigny, dépendante de son évêché. Il reçut en 1340 les hommages de Jean d'Harcourt, vicomte de Chatelleraud, et d'André de Calviniac, vicomte de Brocc. Il eut un procès en 1345 contre Eschivart de Previlly, qui avait rendu au roi un fol aveu de sa Châtellenie de Laroche-Posay, nonobstant les hommages que ses prédécesseurs en avaient rendus aux évêques de Poitiers.

Gallia Christ. 1a.
Gallia Christ. 2a.
Gallia Purp.
Besty.
Baluz.

Il fonda une chapelle dans son église, et fut tout aussi zélé que le cardinal son oncle pour la fondation du chapitre de la Romieu, à qui il fit des grands dons : il lui donna quelques sommes pour un service à faire dans l'église de l'hôpital Saint-Jacques, dont il lui remit le gouvernement : cet acte fut passé au château de Calmagno, le 17 avril 1354, devant Boumiî, notaire de Poitiers. Il lui donna encore les fiefs qu'il avait achetés en 1312 à Jourdan de Mascalac, et plusieurs autres effets. Il fit son testament le 30 juillet 1357, qui fut reçu par Bertrand Boumiî, notaire de Poitiers, par lequel il légua au chapitre

Archives du Chap. de la Romieu.

Trésor du Chapitre de Poitiers.

de la Romieu la somme de 3000 liv., et à celui de Poitiers certains effets, et institua pour ses héritiers Arnaud d'Aux, seigneur du Bournay, son neveu, fils de Pierre, frère du testateur, et Jean d'Aux I du nom, seigneur de Montpelier et patron lai de l'église collégiale Saint-Pierre de la Romieu, fils de Pierre et petit-fils dudit Arnaud. Fort d'Aux mourut à Poitiers le 8 août 1357; son corps fut transporté dans l'église collégiale Saint-Pierre de la Romieu, et inhumé dans un tombeau en forme de voûte creuse placée dans le mur, à la gauche du grand autel, vis-à-vis de celui du cardinal son oncle: sur son tombeau il fut élevé un mausolée, où l'on voyait de grandeur naturelle en cuivre doré et azuré, artistement élaborée, la représentation dudit évêque, revêtu de ses habits pontificaux.

Duchene, histoire des Card. Franç. Preuves, p. 272.

Telle est l'inscription en son honneur qu'on voit dans l'église de Poitiers:

Ecce figuratus est Fortius iste vocatus,
Præsul pictavis sanctæ fidei bona clavis
Et fulgens stella per quem fuit ista capella
Hic benè fundata cum redditibus situata,
Anno milleno ter centum ter duodeno
Pingitur, efficitur præsens opus atque politur.

Ibidem. Et *Gallia Christ.* 1a. *Gallia Christ.* 2a. Baluz. Besty, des Evêques de Poitiers.

4.° . . . . Pierre-Raymond d'Aux, doyen de l'église de Poitiers, abbé commendataire de Notre-Dame la grande dudit Poitiers, chapelain du pape Jean XXII, acheta de Pierre de Goueine la moitié de la dixme du vin de Saint-Martin, par acte de l'an 1318, reçu par de Podio, notaire. Il acheta encore une pièce de terre aux enfans d'Arnaud Cauderot; autre pièce de terre en la paroisse de Belmont; autre pièce de terre dans celle de Quimpoy, desquelles acquisitions et autres effets il fit don au chapitre de la Romieu. Il fut un des procureurs-fondés du cardinal d'Aux son oncle, pour requérir l'approbation de Raymond, évêque de Condom, et de son chapitre concernant la fondation de celui de la Romieu; elle fut accordée le 2 octobre 1318, dont acte reçu par Pierre Geneste, notaire de Saint-Flour. Pierre Ducose, prêtre, en sa qualité de procureur-fondé de Pierre-Raymond d'Aux, donna le dénombrement des fiefs nobles qu'il tenait dans les juridictions de la Romieu, de Goubbés, de Gasaupui et de Belmont, devant noble Aimeric de Manse, viguier royal de Figeac, commissaire à ce préposé par le roi. Cet aveu fut reçu le 14 mars 1346.

Ibidem.

Archives du Chapitre de la Romieu.

Ibidem.

Ibidem, Et à Lagarde.

Pierre-Raymond mourut à Poitiers, et son corps fut transporté à la Romieu, dans l'église collégiale de Saint-Pierre, où il fut déposé dans un tombeau pareil à celui d'Arnaud et de Fort d'Aux, avec une représentation en relief et au naturel en cuivre doré et azuré, artistement élaborée. Les quatre mausolées dont nous avons fait mention; savoir, celui du cardinal d'Aux, celui de Fort d'Aux, évêque de Poitiers, celui de Pierre-Raymond d'Aux, doyen de l'église de Poitiers, et celui de Géraud d'Aux, premier patron lai

Duchene, histoire des Card. Franç.

Archives du Chapitre de la Romieu.

du chapitre de la Romieu, furent enlevés pendant les troubles de la religion par le comte de Montgomeri, qui spolia l'église de la Romieu, partie des archives et brisa presque toutes les vitres, dont il fut dressé un procès verbal qui en constate la vérité.

Duchene. Baluz. *Gallia Christ.* 1a. *Gallia Christ.* 2a. Besty, histoire des Evêques de Poitiers.

Dans l'église de Poitiers on lit ces vers faits en l'honneur de Pierre-Raymond d'Aux.

Petrus Raimondi fugiens à limite mundi,
Mente suâ sanus, pictavis quippè decanus.
Hìc in honore piè fecit hoc altare Mariæ;
Sit tibi recta via paradisi virgo Maria,
Anno milleno ter centum ter duodeno
Mauricii festo sancti, lector, memor esto.

Archives du Chap. de la Romieu.

5.° Guillaume d'Aux, chantre dignitaire de l'église de Poitiers, camerier et chapelain du pape Jean XXII, fit des dons très-considérables au chapitre de la Romieu par acte du 19 mars 1319, reçu par André de Talebonne, notaire de Lectoure et d'Agen. Il lui donna encore le 1.er de mai 1334 les fiefs qu'il avait acquis dans la juridiction de la Romieu de Géraud de Maissan et de Géraude d'Olive : Guillaume est nommé dans le testament du cardinal son oncle, comme étant employé à la cour de Rome.

Duchene. Baluz. *Gallia Christ.* 1a. *Gallia Christ.* 2a. Besty, histoire des Evêques de Poitiers.

Dans l'église de Poitiers on lit ces vers faits en l'honneur de Guillaume d'Aux.

Istius ecclesiæ succentor qui fuit iste,
Cujus fons veniæ miserere præcor bone Christe,
Ecce trium fratrum picturas, ecce senatum,
Depræcor hos pone Deus in cœli regione;
Anno milleno ter centum terque noveno,
Mors sua nempè die festum fuit antè Matthiæ.

Comme les quatre inscriptions des vers que nous avons rapportées semblent fixer l'époque de la mort de quelqu'un de ceux en faveur de qui elles ont été faites, et qu'il se trouve des actes postérieurs, il est à propos de remonter à l'origine de cette erreur, et d'exposer ce qui peut y avoir donné lieu. Le cardinal d'Aux, de son vivant, fut peint à fresque sous le frontispice du jubé de ladite église, ainsi que Fort, Pierre-Raymond et Guillaume d'Aux, ses neveux, et au pied de leurs portraits on inscrivit des vers latins; mais l'injure des temps ayant un peu effacé ces inscriptions, elles furent rétablies par les soins de messire Henri Chateignier de Laroche Posay, alors évêque de Poitiers, qui les fit graver sur des lames d'airain ornées de reliefs en marbre, et les fit placer au même lieu où étaient les anciennes inscriptions : il est à présumer qu'on suppléa les parties des vers qui manquaient; ce qui forme l'erreur.

Gallia Christ. 1a. et 2a.

6.° . . . . Joachim d'Aux, qui, ayant embrassé l'état religieux, fut présenté

par

par Isabelle de France, sa marraine, à Philippe le Bel, qui lui fit expédier les lettres patentes de la fondation de la chapelle de Pressigny, desquelles suit la traduction.

Philippe, par la grâce de Dieu, roi de France et de Navarre, salut dans le Seigneur. Joachim d'Aux, chapelain bénéficier de sainte Marie-Magdelaine, nous ayant supplié de faire enregistrer notre fondation royale dans la cour des pairs de notre royaume, a produit à cet effet dans le moment, en présence des pairs et des magistrats de notre conseil privé et de notre chancelier, les lettres patentes de concession que nous lui en avons fait expédier, desquelles suit la teneur : Trésor de Pressigny.

Philippe, par la grâce de Dieu, roi de France et de Navarre, considérant attentivement de combien de maux nous sommes menacés à cause de nos péchés, et que la colère de Dieu est toujours provoquée sur nos têtes par la perfidie des juifs ennemis de Jesus-Christ, dont les cœurs n'ont pu être touchés par les avertissemens que nous leur en avons faits de notre pleine autorité, ni par la prédication de nos docteurs; c'est pourquoi nous les avons pris en telle haine, qu'après avoir confisqué tous leurs biens, partie au profit de notre fisc, et partie pour être employés à des œuvres pies, nous leur avons ordonné de sortir de notre royaume. Sachant aussi qu'il est de notre majesté royale de préférer dans la distribution des dignités et biens ecclésiastiques les personnes d'extraction noble, quand elles réunissent à l'avantage de leur naissance l'éducation et les bonnes mœurs; considérant encore que si naturellement nous sommes tenus d'assigner des bénéfices à ceux de nos sujets qui s'en sont rendus dignes, combien à plus forte raison nous devons être portés à favoriser ceux qui, nés d'un sang noble, sont doués d'un mérite personnel qui parle pour eux. Joachim d'Aux, issu d'une maison véritablement noble; mais plus noble lui-même par sa dévotion et la religion de saint Benoît, qu'il a embrassée, nous a été présenté par Isabelle, notre très-chère fille, comme étant son filleul: elle nous a demandé qu'il nous plût de lui conférer certains biens confisqués au profit de l'église; et comme il ne nous est pas possible de refuser notre très-chère fille, et que nous voulons accueillir favorablement ses vœux et les pieuses demandes qu'elle nous a faites en présence de Notre Saint Père le Pape Clément, qui y a donné son salutaire consentement; lesquelles supplications tendent à nous demander la maison et château de Pressigny, situé dans notre baronnie de Parthenay, lequel château appartenait à Josué, petit homme de marque parmi la nation juive, afin que le lieu qui a été souillé par l'impiété des juifs soit purifié par les services divins qui y seront célébrés. A cet effet, sachent tous présens et à venir que frappé de toutes ces considérations et autres à ce, nous mouvant, nous voulons que la maison et château de Pressigny, dépendant de notre domaine de la baronnie de Parthenay, situé dans la paroisse de Leodegare de la Mairé, au diocèse de Poitiers, soit converti en une chapelle oratoire en l'honneur de Dieu, sous l'invocation de Ste. Marie-Magdelaine; et qu'il y sera construit à nos dépens une église, dans laquelle on célébrera tous les vendredis de chaque semaine le saint Sacrifice de la Messe, afin que les biens de ceux qui ont crucifié à pareil jour Jesus-Christ servent à l'usage de ceux qui y célèbrent les mystères de la sainte Croix. Et par la teneur des présentes, nous avons concédé et donné, concédons et donnons au susdit d'Aux, chapelain, tout ce que nous avons et pouvons avoir de droit, possession et propriété à cause de notre châtellenie sur ladite maison, avec tous et chacun les honneurs, droits, revenus, produits, hommages, fiefs, droits de justice haute, moyenne et basse, étang, moulin, prés, bois, vignes, terres, cens et autres possessions, quelques dénominations qu'elles puissent avoir, et de quelque valeur qu'elles se trouvent être, lesquelles choses sont particulièrement dénombrées dans le dernier hommage qui nous a été rendu à cause de Marie de Vivolne par André de Lusignan, pénultième possesseur : et de notre grâce spéciale, science certaine, autorité royale, et de la plénitude de notre pouvoir royal, nous transportons le domaine et possession des choses susdites sur ledit chapelain et les bénéficiers, ses successeurs; voulant que lui et ceux qui lui succéderont jouissent perpétuellement et sans trouble de tous et chacun les priviléges, franchises, droits, libertés et prérogatives desquelles ont accoutumé de jouir tous les autres ecclésiastiques qui possèdent des bénéfices de fondation royale, sauf le droit de présentation, que par la teneur des présentes, sous notre bon plaisir et celui des rois nos successeurs, nous accordons à Jean de Grammont, notre grand aumônier, abbé du Val de Saint-Pierre d'Orléans, et général de l'ordre de Cluni, sauf encore la prestation de foi et hommage que nous réservons à nous et à nos successeurs, à cause de notre baronnie de Parthenay, de la même manière et telle que les possesseurs de la maison et château de Pressigny ont accoutumé de le prêter. Ci mandons à tous nos officiers tenant nos cours de justice, présens et à venir, qu'ils aient à faire jouir paisiblement le susdit d'Aux, chapelain, et ses successeurs de toutes les prérogatives, biens, droits et honneurs que nous lui accordons; et qu'ils aient à maintenir perpétuellement notre présente fondation, et qu'ils s'abstiennent de rien faire qui puisse aller contre; et ce, nonobstant tous usages ou dons qui ne seraient pas exprimés dans les présentes : et afin qu'elles soient de ferme et perpétuelle durée, nous avons fait apposer notre sceau aux présentes lettres. Donné à Poitiers, le second jour du mois de juin de l'an 1306. *Par le roi*, NOGARET, *chancelier royal.*

III.

PIERRE D'AUX II.e du nom, damoiseau, co-seigneur de Montpelier, fils de Guillaume d'Aux, mentionné comme tel au testament du cardinal son oncle, fut marié avec Raymonde de Lomagne. Cette alliance avec une maison aussi puissante, prouve le degré de considération dont la maison d'Aux jouissait avant l'exaltation du cardinal. Ce mariage est justifié par la déposition que ladite Raimonde de Lomagne, femme de Pierre d'Aux, fit le 28 mars 1313 dans une enquête pour une affaire mue entre le bailli et consuls de la Romieu, d'une part, et le bailli et consuls de Condom, de l'autre. Pierre d'Aux, dans les premières années de son mariage, fournit des puissans secours de ses biens, et se donna des soins infinis pour la construction de l'Eglise et des édifices du chapitre de la Romieu; et ce n'est qu'après y avoir vu mettre la dernière main, qu'il se rendit à la cour de Rome auprès du cardinal son oncle, qui le chargea de diverses négociations pour l'achat du prieuré de la Romieu, dépendant du monastère de Saint-Victor de Marseille, duquel prieuré il avait projeté de faire l'union à l'église de Saint-Pierre qu'il venait de faire construire à la Romieu. On était convenu du prix dudit prieuré; les conditions étaient acceptées par les prieur et religieux de Saint-Victor; le pape y avait donné son consentement : il fallait encore celui de Guillaume, abbé commendataire de Saint-Victor, pour que la somme convenue fut déposée en main sûre : il le donna à Avignon le 12 novembre 1317, devant Pierre Godin, notaire apostolique. Pierre d'Aux fut présent à l'acte; il assista aussi le lendemain à la consignation de deux mille florins d'or de Florence, qui furent déposés entre les mains de Raimalo Lotornigni, de Jean Bardes et de Lippe de Tegnes, négocians de Florence, pour être employés à l'achat de quelque effet équivalent au prieuré de la Romieu. L'acte en fut passé devant Pierre Godin, Jean-Nicolas de Ynodio, et Pierre Cimarre, notaires apostoliques. L'ouvrage était presque consommé; après bien des soins et des dépenses infinies, Pierre d'Aux était à même de voir éclore la fondation du chapitre de la Romieu, dont il devait être le patron successeur du cardinal son oncle : ses espérances furent trompées; il mourut à Avignon avant le 30 juillet 1318. Arnaud son fils, qui suit, recueillit ce droit.

Archives de l'hôtel de ville de la Romieu.

Archives du Chapitre de la Romieu.

I V.

ARNAUD D'AUX, écuyer, premier patron lai de l'église collégiale Saint-Pierre de la Romieu, seigneur de ladite église, de Montpelier et du Bournay, viguier de Poitiers, fils de Pierre d'Aux et de Raymonde de Lomagne, fut attiré à Poitiers par Arnaud, Fort, Pierre Raymond et Guillaume d'Aux, ses oncles, qui occupaient l'évêché et les principales dignités de ladite église. Il fut un des deux cohéritiers institués au testament d'Arnaud d'Aux, cardinal, évêque d'Albane, reçu à Avignon par Pierre Godin, notaire, le 25 août 1320, pour recueillir le droit de patronage laïque du chapitre de la Romieu, conjointement avec Geraud d'Aux, son oncle. Le testateur y établit l'affiliation de ses deux cohéritiers; il dit que Geraud est fils de défunt Guillaume d'Aux, frère du testateur, et qu'Arnaud est petit-fils de ce Guillaume, et fils de

Archives du Chapitre de la Romieu.
Et de Ronquetes.
Insinuations ecclésiastiques de Condom.

Pierre d'Aux. Arnaud se fixa dans le Poitou par le mariage qu'il contracta avec Jeanne de Bournay, fille unique de Gautron de Bournay, qui lui porta en dot la terre du Bournay située dans le Chatelleraudais, qui a été possédée par Etienne, son second fils, et ses descendans mâles pendant près de quatre siècles. Arnaud d'Aux, en sa qualité de seigneur du Bournay, reçut, le dimanche de Pâques fleuries de l'an 1344, l'aveu de Guion Martin devant le notaire Debor. Il est à présumer qu'Arnaud tenait la viguerie de Poitiers du chef de sa femme, et qu'elle était précédemment possédée par la maison du Bournay, puisqu'il existe au trésor de Chatellerault une sentence du siége de Poitiers, du 6 novembre 1436, par laquelle le vicomte de Chatellerault est maintenu dans la jouissance et possession de la seigneurie sur la viguerie de Poitiers, laquelle Etienne d'Aux et ses prédécesseurs avaient accoutumé, de toute ancienneté, de tenir du vicomté de Chatellerault; *signé par Collationné à l'original*, CHARRET et LEDOUX.

Cabinet des Ordres du Roi.

Trésor du Bournay.

Trésor de Châtellerault.

Du mariage d'Arnaud sont issus,

1.° . . . Pierre qui suit.

2.° . . . Etienne qui a continué la branche des seigneurs du Bournay, dont la postérité sera rapportée à son tour.

Auteur des Seigneurs du Bournay.

3.° . . . Jeanne mariée avec Jean de Ligny Varlet.

Cabinet des Ordres du Roi.

4.° . . . Philippe d'Aux mariée avec Herbert Berland, chevalier, seigneur du fief noble des halles de Poitiers; duquel mariage vint Philippe Berland, mariée avec Jousselain de Lezay de la maison de Lusignen, à laquelle Fort d'Aux, évêque de Poitiers, donna trois cents écus d'or vieux.

Généalogie de la maison des Châteigniers, par Duchene, p. 477.

V.

PIERRE D'AUX III.° du nom, chevalier, le second patron lai de l'église collégiale Saint-Pierre de la Romieu, seigneur de ladite église et de Montpelier, fils aîné d'Arnaud d'Aux et de Jeanne du Bournay, fut élevé auprès de Fort d'Aux, évêque de Poitiers. Il devint patron lai du chapitre de la Romieu du vivant de son père, qui lui abdiqua son droit, et peu de temps après il recueillit celui de Geraud d'Aux, son grand oncle, qui, dans un âge avancé, se voyant sans enfans, et considérant que la mort prématurée du cardinal d'Aux avait arrêté le cours des bienfaits de ce fondateur, qui se proposait d'augmenter la dot de son chapitre, et de pourvoir ses bénéficiers d'une subsistance honnête, fit offre à Pierre d'Aux, son petit neveu, de lui céder la moitié du droit de patronage, sous la condition que Pierre ferait audit chapitre un don de la somme de 2000 liv. tournoises, pour le mettre à même de faire le service divin avec décence. Pierre accepta la proposition; l'acte en fut passé en 1325, dans la salle de l'évêché de Poitiers, devant Bertrand Papaudi, notaire apostolique. Geraud d'Aux, assisté de son frère Guillaume, chantre de l'église de Poitiers et camérier du pape, céda son droit de patro-

Archives du Chapitre de la Romieu.

nage à Pierre d'Aux, son petit neveu, qui, procédant de l'autorité et consentement de Fort d'Aux, évêque de Poitiers, son grand oncle, s'obligea de donner au chapitre de la Romieu 2000 liv. tournoises, en augmentation de dot. Cet accord fut confirmé par Raymond, évêque de Condom, de l'avis et exprès consentement de son chapitre capitulairement assemblé la veille de la nativité du Seigneur de l'année 1327, dont acte reçu par Bertrand Papaudi, notaire de Poitiers, qui s'était rendu à Condom à cet effet. Ce n'était pas le seul objet de sa mission : il était porteur des statuts que Pierre d'Aux, de l'autorité de Fort, son oncle, donnait à son chapitre. Papaudi les présenta dans la même assemblée à Raymond, évêque de Condom, et au chapitre de son église, qui y donnèrent leur approbation, et les confirmèrent dans tous les points. Nous avons vu que ce fut sur la tête de Pierre, que fût faite la réunion de la totalité du droit de patronage, qui dès-lors devint indivisible par la loi expresse du fondateur. Fort d'Aux, évêque de Poitiers, y donna son consentement : il était nécessaire, puisque, par une clause expresse du testament du cardinal, son oncle, les deux cohéritiers et patrons successeurs étaient tenus de requérir l'avis et consentement de Fort pour la nomination aux bénéfices vacans, et changemens à faire audit chapitre.

Ibidem.

Ce fut à la sollicitation de Pierre d'Aux et de Fort, son oncle, que furent expédiées au mois de janvier 1328 les lettres patentes de Philippe VI, roi de France, en faveur du chapitre collégial Saint-Pierre de la Romieu, fondé par le cardinal d'Aux, par lesquelles Philippe prend sous sa sauvegarde et protection l'église, les biens et les bénéficiers de ce chapitre, et recommande à son sénéchal de Toulouse et à tous autres tribunaux de justice de son royaume de veiller à la conservation des biens, droits, privilèges et libertés de cette église, et de la garantir de l'oppression et armes des laïques, et de sévir contre tous ceux qui tenteraient de l'opprimer, ou de s'emparer de quelqu'un de ses biens.

Ibidem.
Baluz., art. 74, p. 477.

Pierre d'Aux fut un des principaux assistans du seigneur de Fimarcon et de la dame Allemande de Cazenove, sa mère et tutrice, lorsqu'ils furent mis en possession, le 14 mars 1345, de la moitié de la seigneurie de la Romieu, en vertu du don fait audit seigneur de Fimarcon par Jean, duc de Normandie et de Guienne, fils aîné du roi Philippe, et des lettres de confirmation du roi. Dans ce procès verbal, Pierre d'Aux est qualifié de chevalier, ainsi que dans la cession où il donne le dénombrement des fiefs nobles qu'il tient dans les juridictions de la Romieu et de Gasaupui. Cet aveu est reçu par noble Aimeric de Mânse, viguier royal de Figeac, commissaire nommé par le roi à cet effet.

Archives de Lagarde, Et du Chapitre de la Romieu.

Pierre d'Aux fut marié avec Jeanne de Gollens, de laquelle il eut,

Titres de Pardaillan.

1.° . . . Jean qui suit.

Ibidem.

2.° . . . Jeanne d'Aux (*de Auxio*), mariée en 1361 avec Odet de Pardaillan, seigneur de Gondrin, laquelle fut dotée 1500 deniers d'or.

V I.

Trésor du Chapitre de Poitiers.

JEAN D'AUX I du nom, surnommé Lyonnet, damoiseau, le troisième patron lai de l'église collégiale Saint-Pierre de la Romieu, seigneur de ladite église et de Montpelier, fils de Pierre d'Aux et de Jeanne de Golleus, fut institué héritier au testament de Fort d'Aux, évêque de Poitiers, du 30 juillet 1357, reçu par Bertrand Boumii, notaire de Poitiers, dans lequel le testateur dit que Jean est fils de Pierre d'Aux, chevalier, son petit neveu. Il donne à Jean tous ses biens situés dans la Gascogne, à la charge de compter 3000 liv. tournoises au chapitre de la Romieu; il lègue le restant de tous ses biens meubles et immeubles, situés dans le Poitou, à Arnaud d'Aux, seigneur du Bournay, son neveu, aïeul de Jean, et le charge sur sa part d'hérédité de payer au chapitre de Poitiers une certaine somme, et de lui remettre quelques effets.

Archives du Chapitre de la Romieu, Et de Rouquetes. Baluz. *vit. Pap. Aven.* tom. 1, p. 669.

Jean d'Aux changea la forme de son chapitre. Il n'avait que dix-huit ans lorsqu'il consentit à la suppression de quatre offices et de quatre canonicats pour en former douze prébendes; c'est par cet acte du premier de l'an 1358, reçu par Casaux, notaire de la ville d'Aux, revêtu de toutes les formes, par le concours du chapitre capitulairement assemblé, que le nombre des bénéficiers fut fixé tel qu'il existe aujourd'hui. Il est présidé par un doyen dignitaire, qui est à la tête de dix chanoines et de douze prébendés. Le patron nomme à tous ces bénéfices; il a la première place au chœur, droit de banc pour sa famille dans le sanctuaire, et tous les honneurs dans son église.

Cabinet des ordres du Roi.

Jean d'Aux était écuyer de la compagnie de messire de Poix, chevalier; il fut présent à la montre qui en fut faite à Albe le 10 janvier 1364.

Ibidem, des généalog. vol. 40, f. 748.

On trouve dans le cabinet des ordres du roi le procès verbal et état qui fut fait le 1.er septembre 1612, devant Raymond Dufaur, lieutenant général en la sénéchaussée de Condomois et Gascogne, des titres qui furent retirés du trésor de Lectoure, à la réquisition d'Isaac Jausselain, trésorier et receveur général du domaine du duché d'Albret, procureur général de Saint-Martin, pour recevoir les hommages, vérifications et dénombremens des nobles qui tiennent fiefs du comte d'Armagnac.

Au nombre des pièces rapportées dans ledit état est considération et alliance entre Jean, comte d'Armagnac, le comte de Pardiac, le seigneur de Fieumarcon et le seigneur Jean d'Aux.

Archives de Rouquetes.

Jean d'Aux s'attacha du depuis au service d'Edouard, roi d'Angleterre, duc de Guienne, son souverain, qui le nomma bailli de la Romieu et pays circonvoisins. En cette qualité, Jean d'Aux, pour pacifier tous les différens qui s'étaient élevés dans son district, convoqua et présida l'assemblée des communes, dans laquelle il fut convenu qu'on nommerait des commissaires arbitres, ce qui fut exécuté. L'acte en fut reçu le 5 avril 1377 par Arnand Lama, notaire d'Agen, auquel acte Jean d'Aux donna la sanction par l'interposition de son sceau.

Ce fut Jean d'Aux qui réunit sur sa tête les portions divisées de la seigneurie de Montpelier, dont chaque membre de la maison d'Aux avait pris sa part depuis la mort de Pierre d'Aux I.er du nom, qui avait laissé un héritage assez considérable, que nous détaillerons pour détruire l'opinion de ceux qui pourraient se persuader que le cardinal d'Aux avait porté dans sa maison autant de fortune que de lustre. Il est peu ordinaire, en effet, que quatre ecclésiastiques constitués en dignité, et jouissans de gros revenus, aient contribué à appauvrir leur maison. La fondation d'un chapitre leur tenait si fort à cœur, que non contens de se dépouiller d'une grande partie de leurs biens patrimoniaux, ils engagèrent encore leurs frères et neveux, pères de famille, à contribuer considérablement de leurs biens. Nous avons vu ci-devant que par acte du 24 avril 1291, Guillaume et Arnaud avaient cédé à Raymond, leur frère, la seigneurie de Lescut, et avaient reservé par indivis le restant des biens. Quel fut dans les suites le partage qu'en firent le cardinal d'Aux, Pierre et Geraud, ses neveux laïques? C'est ce que nous tâcherons d'éclaircir.

Dans un article de la fondation du chapitre de la Romieu, le cardinal d'Aux lui donne le prieuré de la Romieu et ses dépendances, qu'il a acquis des bénédictins de Saint-Victor de Marseille.

Dans un second, il fait don au chapitre de tous ses biens patrimoniaux qu'il possède dans la ville et juridiction de la Romieu, dans les paroisses de Saint-Jean de Rouede, de Mascalac, de Saint-Pierre de Goubbés, de Belmont et de Saint-Agnan, ne se réservant que la maison et le domaine noble de Montpelier, et son palais. Tel était le lot des biens paternels qui lui étaient échus, auxquels on peut encore ajouter le sol sur lequel il avait fait construire l'église de Saint-Pierre et autres édifices dépendans; ce qui nous est confirmé par le témoignage de Raymond, évêque de Condom, dans son approbation de la fondation du chapitre de la Romieu, du 2 octobre 1318. Insinuations ecclésiastiques de Condom.

Dans un troisième article de sa fondation, le cardinal d'Aux donne à son chapitre tous ses biens, quelque part qu'ils soient situés, et à quelque titre qu'ils lui appartiennent, soit qu'il les tienne de Pierre et Geraud d'Aux, ses neveux, qui les lui ont cédés pour cette bonne œuvre, soit qu'il les ait acquis par achat; lesquels biens consistent en seigneuries, fiefs, rentes, aigrières, terres, vignes, bois, prés, maisons, édifices, moulins, possessions, étangs.

Par cette distinction de dons distribués en trois classes, on voit évidemment que les premiers sont des dépendances du prieuré de la Romieu; les seconds des patrimoniaux du Cardinal, comme il le déclare lui-même; et les troisièmes des cessions faites par Pierre et Geraud, ses neveux, sauf à distraire de ces derniers quelques acquisitions connues, faites par le Cardinal.

C'était la totalité de ces biens patrimoniaux donnés et de ceux qui restèrent à Pierre, à Geraud, à Fort, à Pierre-Raymond, à Guillaume et à Arnaud d'Aux, qui formaient la seigneurie de Montpelier, dont tous les fiefs qui n'avaient pas été donnés au chapitre, sont spécifiés dans le dénombrement qu'en donnèrent les possesseurs ci-dessus, le 14 mars 1346, devant Aimeric de Manse, commissaire du roi.

Archives du Chapitre de la Romieu.

Jean d'Aux fut marié avec noble Flore de Labarthe, qu'on croit fille d'Arnaud-Guillem de Labarthe, vicomte de Labarthe, d'Aure et de Magnoac. Flore de Labarthe assista Jean, son fils, à la vente qu'il fit de deux moulins à vent situés dans la juridiction de la Romieu, par acte du 10 novembre 1393, duquel nous donnerons l'extrait à l'article ci-après.

De ce mariage vint,

. . . . . Jean qui suit.

VII.

Ibidem.

Jean d'Aux de Lescut II du nom, damoiseau, le quatrième patron laï de l'église collégiale Saint-Pierre de la Romieu, seigneur de ladite église, de Montpelier et de Lescut, fils de Jean d'Aux et de Flore Labarthe, fit vente à Jean de Maucul, à Arnaud de Moissan, à Raymond de Borgia, chanoines de son chapitre, acheteurs en leur propre et privé nom; à Bernard du Soule, à Arnaud du Cause et à Bernard Campsegur, de deux moulins à vent et terres adjacentes, le tout situé dans la juridiction de la Romieu; et pour la sureté de cette vente, Flore de Labarthe, sa mère, autorisa sondit fils, et fit une renonciation expresse à toute hypothèque qu'elle pourrait prétendre sur lesdits moulins, à raison de la dot qu'elle avait portée dans la maison de Jean d'Aux, son feu mari, père du vendeur. Cet acte fut reçu le 10 novembre 1393 par André Dencer et Pierre de Bellostanes, notaires de Fimarcon.

Archives de Rouquetes.

Jean d'Aux fut marié avec Anne d'Aux de Lescut, sa parente; et par ce mariage la seigneurie de Lescut rentra dans la branche aînée, de laquelle elle était sortie en 1291 pour former l'apanage de Raymond d'Aux. Jean fit son testament, le 23 novembre 1437, qui fut reçu par André Lagruère, notaire d'Agen, dans lequel il nomme tous ses enfans provenus de son mariage avec Anne d'Aux de Lescut, et institue pour son héritier Guillem, son fils aîné.

Enfans nommés audit testament.

1.° Guillem qui suit.

Cabinet des Ordres du Roi.

Rymer, tom. 12, p. 608.

2.° Jean d'Aux, écuyer, seigneur de Triguerre et du Couldroy, qui comparut en personne le 11 avril 1496 à l'assemblée des trois états qui furent convoqués à Montargis, en vertu des lettres patentes du roi, et donnèrent leur consentement au traité de paix qui venait d'être conclu entre le roi très-chrétien et le roi d'Angleterre.

3.°

3.° Manant.

4.° Catherine.

VIII.

GUILLEM D'AUX de Lescut, damoiseau, le cinquième patron lai de l'église collégiale Saint-Pierre de la Romieu, seigneur de ladite Eglise, de Montpelier et de Lescut, fils de Jean d'Aux et d'Anne d'Aux de Lescut, institué héritier au testament de son père, fit vente, en 1443, à Jean et Fortis de Cesan, frères, de quelque pièce de terre nommée Saint-Pau d'Angerac, située dans ses fiefs, et se réserva les fiefs et rentes, suivant les coutumes et usages de Jegun. Il fit une autre vente, le 3 janvier 1446, d'une pièce de terre située dans la juridiction de Jegun.

Archives de Rouquetes.

Registres de l'office de Gaultier, notaire de Vic-Fezensac.

Guillem d'Aux fut marié avec noble Catherine de Marrens; ce qui est justifié par une vente du 27 mai 1447 de la moitié du moulin de Montgaillard, consentie par noble Arnaud de Marrens, seigneur de Montgaillard, pour payer la dot de Catherine de Marrens, femme de noble Guillem d'Aux de Lescut; de laquelle dot ledit Guillem consentit quittance, le 4 juillet suivant, en faveur dudit Arnaud de Marrens.

Ibidem.

Ibidem.

Le 4 janvier 1456 Guillem d'Aux fit échange de quelques biens situés dans la juridiction de Jegun avec Jean Combes, notaire. Guillem et Jean de Lescut, son fils, firent vente, le 17 janvier 1491, du bien de Lescoutet, situé dans la juridiction de Jegun; cette vente fut lausimée le 8 avril suivant par l'ordre de Malte. Guillem donna à nouveaux fiefs, suivant les coutumes de Jegun, à Bernard de Lepor, habitant dudit lieu, une place sous la rente de douze sous, par acte du 19 mars 1478, passé devant Jean de Saint-Mesard, notaire du comté de Fezensac; et dans le cours de l'année 1487 il fit faire les reconnaissance de ses fiefs: les actes en furent reçus par Rechin, notaire.

Ibidem.

Ibidem.

Archives de Rouquetes.

Ibidem.

Guillem d'Aux fit une vente de fiefs à MM. du chapitre de la Romieu, laquelle fut ratifiée par Jean, son fils, par acte du 5 novembre 1500, passé devant Guillaume Vergeri, notaire. C'est le dernier démembrement que nous connaissons de la seigneurie de Montpelier, dont il ne reste qu'une métairie noble et les ruines du château, qui sont inaliénablement attachés au droit de patronage du chapitre de la Romieu.

Archives du Chapitre de la Romieu.

Guillem s'était attaché au service du duc de Guienne; il fut témoin de sa mort, qui lui causa les plus violens regrets, ainsi que le rapporte Bouchet, dans ses annales d'Aquitaine. » Le seigneur de Lescut, dit-il, s'était affectionné au service du duc de Guienne, était le plus prochain de ses » serviteurs; incontinent après le décès du duc de Guienne, il fit lier et garrotter étroitement l'abbé de Saint-Jean d'Angeli, et mettre en un navire » de Bretagne chargé de vin qui était devant Bordeaux, et en diligence » l'amena à Nantes pardevers le duc, qui très-dolent était du trépas de mon» dit seigneur de Guienne ».

Annal. d'Aquit., ann. 1572, f. 122.

Cet abbé de Saint-Jean d'Angeli avait empoisonné le duc de Guienne avec une pêche.

Le testament de Guillem d'Aux ne nous est point parvenu; nous en connaissons néanmoins quelques dispositions. Il nomma pour son héritier principal Jean de Lescut, son fils aîné, et institua pour le repos de son âme un obit à perpétuité, qu'on célèbre tous les ans au chapitre de la Romieu. Cet obit est encore établi par un acte du 17 novembre 1525, reçu par Abbellana, notaire de la Romieu, par lequel le chapitre reconnaît avoir reçu pour l'obit de noble Guillem d'Aux, patron lai de leur chapitre, par les mains de Bernard de Lescut, chanoine, son fils, la somme de dix petits écus, qui ont été donnés de suite à Guillem de Guillamere, prêtre et prébendier dudit chapitre, sous la rente de 27 sous.

Archives du Chapitre de la Romieu.

Du mariage de Guillem d'Aux sont issus,

1.° Jean qui suit.

2.° Jean de Lescout, auteur de la branche des seigneurs de Romegas, qui sera rapportée à son tour.

Auteur de la branche des seigneurs de Roumegas.

3.° Pierre d'Aux, varlet de chambre du roi Louis XI, qui se trouve compris pour le payement de ses gages dans les comptes de Jacques le Camus, commis à ce préposé, depuis 1461 jusqu'en 1464. Il existe à la bibliothèque du roi, au cabinet de M. de Lacour, une commission donnée par le roi à Pierre d'Aux, écuyer, son varlet de chambre, pour qu'il se transporte à Narbonne, pour y recevoir à montre tous les gens de guerre étant sous la charge de Guerin le Grouing, conseiller, chambellan, bailli de Saint-Pierre-le-Moustier. Donné au Bois-Malesherbes, le 10 août 1474. Signé, par le roi, DISOME.

Cabinet des Ordres du Roi.

4.° et 5.° Nicolas d'Aux et Pierre de Lescot qui servaient tous les deux dans la compagnie des 100 hommes d'armes et des archers de M. le duc d'Orléans, et furent présens à la montre qui en fut faite à Versay le 5 août 1495.

Ibidem.

6.° Bertrand d'Aux, abbé commendataire de Notre-Dame de Laprée et de Saint-Ambroise de Bourges, qui transigea le 30 avril 1498 avec Robert Dolé, et le 26 juillet 1503 avec Jean le Groin, seigneur de Marcuil.

Ibidem. Et registres des audiences du Châtelet de Paris. *Gallia Christ.* 2a. *Eccles. Bitur.*

7.° Bernard de Lescot, seigneur de Mahen, chanoine du chapitre de la Romieu, qui acquitta, comme il a été dit ci-devant, les fonds pour l'obit de Guillem d'Aux, son père, et en reçut la quittance le 17 novembre 1525. Bernard de Lescot fut nommé exécuteur testamentaire au testament de Jean de Lescout, seigneur de Romegas, son frère, du 11 octobre 1503, reçu par Jean Douat, notaire de Saint-Antoine de Pont-de-Rats.

Archives de Rouquetes.

8.° Autre Bernard de Lescot, seigneur de Peine, qui fut aussi nommé exécuteur testamentaire au testament déjà cité de Jean de Lescout, seigneur de Romegas, son frère. Bernard assista Jean d'Aux, son frère aîné, au second mariage qu'il contracta le 26 novembre 1505 avec Charlotte de Gordon,

Ibidem.

I X.

Jean d'Aux III du nom, damoiseau, le sixième patron lai de l'église collégiale Saint-Pierre de la Romieu, seigneur de ladite église et de Lescut, fils de Guillem d'Aux et de Catherine de Marrens, était un des cent gentilhommes ordinaires de l'hôtel du roi pour la garde de son corps, sous la charge et conduite de messire Yves, seigneur d'Allegre, conseiller et chambellan du roi. Il se trouve compris dans l'état et rôle des payemens de leurs gages, fourni par M. Antoine Turpin, commis à ce préposé, pour l'année 1499 et suivantes. Cabinet des Ordres du Roi.

Jean d'Aux fit continuer en 1499 les reconnaissances de ses fiefs; les actes en furent passés devant Jodder, prêtre, notaire de Jegun. Archives de Rouquetes. Il contracta un premier mariage avec Marthe d'Arbieu, fille de noble Pierre d'Arbieu, seigneur de Popas, et de noble Seguine de Leomont. Ce mariage se trouve justifié par une donation du 26 octobre 1499, passée devant Ydore Cralim, notaire de Jegun, *Ibidem.* consentie par ladite Marthe d'Arbieu, qui, assistée et autorisée par noble Jean d'Aux, son mari, fait don à Jean de Lescot, son fils aîné, de tous les droits qu'elle a portés dans la maison, n'en réservant qu'une certaine somme stipulée dans son contrat de mariage, laquelle a été perçue par Jean d'Aux, son mari : elle donne encore à sondit fils tout ce qu'elle peut prétendre du chef de son père sur la maison de Popas, sur celle de Leomont, à raison de Seguine, sa mère, et sur celles d'Ornesan, de Saint-Placar et de Poygallard, pour ce qui lui revient de ses aïeules paternelles et maternelles.

Jean d'Aux, conjointement avec Guillem, son père, avait fait la vente du bien de Lescoulet, par acte du 17 janvier 1491, de laquelle nous avons fait déjà mention. Registres de Gaultier, notaire de Vic-Fezensac. Il contracta un second mariage, le 26 novembre 1505, devant Jean Gaimard, notaire de Savran, Archives de Rouquetes. avec Charlotte de Gordon, fille de noble Pierre de Gordon, seigneur de Laroque, des Arts et de Polihnac, veuve de noble homme Jean de Florete. En contemplation dudit mariage, Charlotte fit donation en faveur de Jean d'Aux de tous ses biens présens et à venir, et respectivement Jean d'Aux donna en jouissance à Charlotte la maison d'Aux située à la Romieu, attenant à celle de Bernard de Lescot, son frère, chanoine du chapitre de ladite ville; il lui fit encore quelqu'autre mince avantage. Le mariage fut célébré le même jour; et il fut passé à Savran le lendemain, devant le même notaire, *Ibidem.* une transaction entre Jean d'Aux assistant Charlotte de Gordon, sa femme, d'une part, et Me Bernard Hélie, prêtre, recteur des arts, procureur fondé de noble Pierre de Florete; dans lequel acte tous les droits de Charlotte de Gordon sont débattus, ainsi que ses prétentions sur l'hérédité de Jean de Florete, son premier mari.

Jean d'Aux ratifia le 3 novembre 1500 une vente de fiefs qui avait été faite par Guillem, son père, à MM. du chapitre de la Romieu. Archives du Chapitre de la Romieu. Cette ratification fut passée devant Guillaume Vergeri, notaire royal. Il rendit en 1504 Archives de Rouquetes.

son hommage pour la seigneurie de Lescout devant M. le sénéchal d'Armagnac; et le 15 décembre de l'année 1507, il reçut l'aveu d'un de ses emphytéotes. Par acte reçu par Rechin, notaire, il fit vente des métairies de Punctis et de Fons-Deubos, etc., dépendantes de l'hérédité d'Armand et Jean Uriton, frères, du testament desquels il était l'exécuteur testamentaire, à Jean et Othon de Garsias, par acte reçu le 5 septembre 1510 par Jean Molinet, notaire de Jegun.

Ibidem.

Ibidem.

Le 25 août 1518 il fut fait une vente en faveur de noble Bernard de Verdusan, seigneur de Miran, d'un moulin situé sur le ruisseau de Lestère, en la juridiction de Jegun, laquelle fut consentie par noble Jean d'Aux, seigneur de Lescout, père de feu noble Jean de Lescout, mort au service du roi delà les monts; par Jacques de Lescout, frère dudit Jean décédé, et par Mathurin de Lescout, fils mineur de 25 ans dudit feu Jean, mais majeur de 14; lesdits Jacques et Mathurin procédant de l'autorité et consentement de Jean d'Aux, leur père et aïeul.

Registres de Gaultier, notaire de Vic-Fezensac.

Jean d'Aux eut de son premier mariage,

1.° Jean qui suit.

2.° Antoinette de Lescout, qui fut mariée le 20 février 1491 avec noble Bertrand de Borolhau, seigneur de la Salle de la Gouarde, et fut dotée par noble Guillem d'Aux et Jean de Lescout, père et fils.

Ibidem.

3.° Pons de Lescout, chanoine du chapitre de la Romieu, seigneur de Hortis, qui transigea pour ses droits légitimaires avec Jean d'Aux V du nom, son neveu, par acte du 22 mai 1520, passé devant Abbellana, notaire de la Romieu.

Archives de Rouquetes.

4.° Jacques de Lescout, mentionné ci-dessus dans la vente du 25 août 1518 d'un moulin situé sur le ruisseau de Lestère.

5.° Antoine d'Aux, qui était homme d'armes de la compagnie des ordonnances du roi, commandée par M. Jacques de Chabanes, chevalier, seigneur de la Palisse : il fut présent aux montres qui en furent faites à Saint-Agnan, en la comté d'Ast, le 20 juillet 1504, et à Aglan le 17 octobre suivant.

Cabinet des Ordres du Roi.

Et du second mariage,

Othon ou Odet, qui transigea avec Jean d'Aux V du nom, son neveu.

Archives de Rouquetes.

X.

JEAN D'AUX de Lescout IV du nom, damoiseau, seigneur de Lescout, fils de Jean d'Aux et de Marthe d'Arbieu de Popas, fut assisté par son père au mariage qu'il contracta le 20 novembre 1496 devant Tegneli, notaire de Condom, avec Catherine Mœrcier de Valarin, fille de noble Jean de Mœrcier, seigneur de Valarin, lequel fut présent et assista sadite fille audit contrat. Jean d'Aux reçut le 26 octobre 1499, de sa mère Marthe d'Arbieu, autorisée par son mari, la donation qui a été ci-devant mentionnée. Le dernier de juin

Ibidem.

de l'an 1508, il s'obligea par acte reçu par Furcate, notaire de Jegun, de payer pour son père présent audit acte, à Agnès de Lasséran, protonotaire du Saint Siége, et recteur de Casaux, la somme de six écus. *Ibidem.*

Jean mourut au service du roi delà les monts, comme nous l'apprenons par l'acte de la vente d'un moulin situé sur le ruisseau de Lestère, du 25 août 1518, faite par Jean d'Aux, son père, par Jacques, son frère, et par Mathurin, un de ses fils, en faveur de noble Bernard de Verdusan, seigneur de Miran. Registres de Gaultier, notaire de Vic-Fezensac.

Il eut de son mariage,

1.° Jean qui suit.

2.° Charles de Lescout, seigneur de Cahusac, auteur de la branche des seigneurs de Cahusac, de Lagarde-Mirane, du Luc et de Saint-André, dont la postérité sera rapportée à son tour. Auteur des branches des seigneurs de Cahusac, du Luc, etc.

3.° Bernard de Lescout, dit le capitaine Laroquete, seigneur d'Aumensan, qui fut homme d'armes d'une compagnie des ordonnances du roi, sous la charge et conduite de M. de Bellegarde, chevalier de l'ordre du roi : il fut présent à la montre qui en fut faite à Paris le 4 mars 1568. Bernard fut marié avec Gabrielle de Pins, veuve de noble homme Jean de Preishac, de laquelle il n'eut point d'enfans. Il fit son testament le 8 février 1575, et institua pour son héritier Géraud de Lescout, son frère, et légua quelques sommes à Catherine, et autre Catherine, ses sœurs. Cabinet des Ordres du Roi. Archives de Sourdes.

4.° Géraud de Lescout, doyen du chapitre Saint-Pierre de la Romieu, prieur de Mascalac, institué héritier au testament de son frère Bernard le capitaine, vendit la terre d'Aumensan, qui provenait de cette succession, à noble Arnaud-Guillem d'Auxion, seigneur de Vivens, par contrat du 18 mars 1580, passé devant Donasan, notaire. *Ibidem.*

5.° Catherine de Lescout mariée avec Etienne de Vigier, mentionnée au testament de Bernard le capitaine. *Ibidem.*

6.° Autre Catherine de Lescout mariée, 1.° avec noble Jean de Marrens, seigneur de Sainte-Christie, lequel, étant à la veille de partir pour aller au service du roi, fit son testament le 8 mars 1551, et légua la jouissance de ses biens à Catherine, sa femme; 2.° elle fut mariée avec noble Matthieu de Lacave. Registres de Gaultier, notaire de Vic-Fezensac.

7.° Mathurin de Lescout mentionné ci-devant dans la vente du moulin situé sur le ruisseau de Lestère, du 25 août 1518. *Ibidem.*

X I.

Jean d'Aux de Lescout V du nom, chevalier, le septième patron lai de l'église collégiale Saint-Pierre de la Romieu, seigneur de ladite église et de Lescout, fils de Jean d'Aux et de Catherine Mercier de Valarin, immédiatement après la mort de Jean d'Aux III du nom, son aïeul, fut installé le 19 mars 1519 au droit de patronage du chapitre Saint-Pierre de la Romieu, Archives de Rouquetes.

par Jacques Abbellana et Jean Donasan, notaires dudit lieu. Il termina le 30 *Ibidem.* décembre de la même année, par acte passé devant le notaire Capiteville, le différent qu'il avait avec noble Bertrand de Serillac, sur leurs prétentions *Ibidem.* respectives sur le moulin neuf. Il passa le 22 mai 1520, devant Abbellana, notaire de la Romieu, un acte avec noble messire Pons de Lescout, son oncle, chanoine de l'église de la Romieu, par lequel celui-ci reconnaît avoir reçu le droit de légitime qu'il avait à prétendre sur l'hérédité de ses père et mère, et renonce à toutes les prétentions qu'il pourrait former sur les successions de noble Jean d'Aux III du nom, son père, et sur celle de noble Jean d'Aux de Lescout IV du nom, son frère, père de noble Jean d'Aux, son neveu, actuellement patron lai du chapitre de la Romieu; auquel pour les bons et agréables services qu'il en a reçus, ainsi que de son père, il fait don et donation de tous plus amples droits qu'il pourrait répéter; et réciproquement Jean d'Aux, son neveu, lui cède la jouissance, sa vie durant, de quelques jardins et édifices attenant à l'église de Saint-Pierre de la Romieu.

Ibidem. Jean d'Aux rendit son aveu à Vic-Fezensac, le 12 mai 1521, à raison de son château, terres, seigneuries et dépendances de Lescout, tenant et mouvant du comté de Fezensac, à Charles, duc d'Alençon, pair de France, comte d'Armagnac, de Fezensac et autres baronnies et terres de la maison d'Armagnac, etc., qui le reçut en personne, assisté de M. l'évêque de Nîmes, son vice-chancelier, et de Jean Villebresait, chevalier, son chambellan ordinaire. Jean *Ibidem.* d'Aux obtint une ordonnance de M. le sénéchal de Condom contre les héritiers de Janon Laroque, du 18 décembre 1525, signée BEGUÉ. Il donna sa procu- *Ibidem.* ration le 18 février 1526, passée devant Furcate, notaire de Jegun, à Pierre Martin, François Descamps et Antoine Puybernat, qu'il constitua ses procureurs pour terminer des affaires qu'il avait au parlement de Toulouse. Il reçut *Ibidem.* une quittance des chanoines de la Romieu, passée le 13 novembre 1528 devant Bodard, notaire du lieu : il acheta le 2 juin 1541 plusieurs pièces de terre à noble Hector de Pins.

Ibidem. Jean d'Aux contracta mariage devant Rosier, notaire de Jegun, le 15 novembre 1532, avec Huguete de Buz, damoiselle, fille de noble Bernard de Buz, seigneur d'Aure et de Magnoac, de l'illustre maison qui a fourni des Captaux qui ont si bien servi la patrie.

Cabinet des Ordres du Roi. Jean d'Aux servait dans la compagnie des chevaux légers de M. d'Ossun; il fut présent à la montre qui en fut faite à Montcalier, en Piémont, le 2 juillet 1551. Plus connu sous le nom de Lescut, il guerroya long-temps sous les ordres de M. de Montluc, qui dans ses commentaires le cite comme témoin qu'il n'a jamais témoigné de la frayeur dans les occasions les plus périlleuses, Archives de Rouquetes. lorsqu'il a fallu combattre. Il nous reste une commission que M. de Montluc fit expédier au sieur de Lescut, pour qu'il eut à s'emparer des châteaux, meubles et effets des gens de la nouvelle religion : elle est du 3 janvier 1570.

Il fit son testament le 30 août 1572, qui fut reçu par Despiet, notaire de Jegun. Il institua pour son héritier principal Jean, son fils aîné, et substitua son hérédité à Jean-François, son second fils. Ses enfans nommés audit testament sont, *Ibidem.*

1.° . . . Jean qui suit.

2.° . . . Jean-François de Lescout, sieur de Baque, qui servait dans la compagnie d'hommes d'armes des ordonnances du roi, commandée par messire Jean de Montluc, chevalier de l'ordre de Saint-Jean de Jérusalem ; il fut présent à la montre qui en fut faite en armes à la Plume, le 20 mars 1576. Il contracta mariage devant Raymond Lapujade, notaire de la Romieu, le 12 août 1582, avec noble Marthe d'Art. Il fit une vente à faculté de rachat de la métairie de Baque en faveur de Bernard Cadrouil, marchand de Saint-Puy en Gaure, par acte du 15 juin 1610, passé devant Dauqué, notaire de la Romieu, dans lequel il expose que c'est pour fournir aux dépenses de son entretien au service du roi, et pour celui de ses enfans. Il consentit devant le même notaire, le 22 octobre 1615, une quittance en faveur dudit Bernard Cadrouil, de la somme de 150 liv., à compte de plus grande somme qui lui était due : Marthe d'Art, sa femme, fut aussi partie contractante dans ces deux actes. De sept enfans qu'il eut, il en mourut cinq en bas âge ; les deux autres furent, 1.° Amanieu de Lescout, sieur de Baque, qui se maria avec noble Catherine de Gensac, fille de noble Antoine de Gensac et de noble Jeanne Alceste de Davesan, dont acte du 30 juillet 1634, passé devant Lasplaces, notaire de la Romieu. Amanieu justifia de sa noblesse devant les commissaires du roi, le 7 juillet 1667, conjointement avec tous les autres membres de la maison d'Aux, et mourut sans postérité. Le second fils de Jean-François de Lescout fut Octavien de Lescout, qui fut pourvu du doyenné du chapitre de la Romieu par Blaise d'Aux, son cousin, patron lai dudit chapitre, par acte du 9 mars 1616, passé devant Dauqué, notaire du lieu. Octavien fut installé par le même notaire le 14 du même mois.

Cabinet des Ordres du Roi.

Archives du Sourdet.

Ibidem.

Ibidem.

Cabinet des Ordres du Roi.

Archives du Sourdet.

3.° . . . Jeanne.

4.° . . . Frise.

XII.

Jean d'Aux VI.° du nom, écuyer, le huitième patron lai de l'église collégiale Saint-Pierre de la Romieu, seigneur de ladite église et de Lescout, fils de Jean d'Aux et de Huguete de Buz, marcha pour son père à la convocation de la noblesse d'Armagnac vers Bayonne et les frontières d'Espagne, et en reçut la déclaration le 22 décembre 1558. Il obtint le consentement de son père dans le premier mariage qu'il contracta le 23 octobre 1563, devant Pierre Martin, notaire de Valence, avec Marie de Verdusan, fille de noble

Archives de Rouquetes.

Ibidem.

Odet de Verdusan, enseigne de la compagnie d'hommes d'armes de M. de Montluc, lieutenant pour le roi en Guienne. Il fut fondé de procuration par son père pour remettre le procès pendant au sénéchal de Lectoure contre noble Herard de Pins, seigneur du Bosc, par acte passé le 15 juin 1572

Ibidem.

devant Fretlioy, notaire de Jegun. Il fit divers achats qui seront mentionnés de suite, savoir, achat de la métairie du Sinabra, fait par noble Jean de Lescout, capitaine, fils du seigneur de Lescout, à Jean du Ribés et à Catherine du Mastion, sa femme, du 18 septembre 1572, passé devant Ireton Espiet, notaire de Jegun. Achat d'une pièce de terre nommée à Gelas, fait par noble Jean de Lescout, fils du seigneur de Lescout, à Marie Descombes, femme de

Ibidem.

Bernard Lartigue, passé le 26 novembre 1572 devant Fretlioy, notaire de Jegun. Achat d'une pièce de bois nommée à Labartete, fait par noble Jean d'Aux, écuyer, seigneur de Lescout, à Pierre d'Aubas, passé le 19 mars 1594 devant Espiet, notaire de Jegun. Achat d'un pré fait par noble Jean d'Aux, écuyer, seigneur de Lescout, à Jean Aubas, du 15 février 1595, passé devant Espiet, notaire de Jegun.

Ibidem.

Jean d'Aux obtint, le 7 mai 1575, du juge et consuls de Jegun un acte de notoriété, par lequel il conste qu'il est le fils aîné de feu noble Jean d'Aux, écuyer, patron lai de l'église collégiale Saint-Pierre de la Romieu, seigneur de Lescout, décédé depuis deux mois. En cette qualité, Jean d'Aux fut installé le 10 du même mois au droit de patronage du chapitre de la Romieu par Lapujade, notaire du lieu. Il s'est trouvé quelques nominations qu'il fit aux bénéfices vacans dans son chapitre pendant les dernières années de sa vie. Il

Archives du Sourdet.

nomma, le 23 septembre 1605, Paul Malaubert pour occuper une prébende; le 13 avril 1606, Pierre Pague pour un canonicat; le 10 juillet 1606, Arnaud Fournier pour une prébende; le 15 mai 1607, Arnaud Navar pour un canonicat; le 25 avril 1608, Théodore Sorberiffe pour un canonicat; le 7 octobre 1613, Jean Lapujade pour un canonicat. Tous ces actes furent passés devant Dauqué, notaire et secrétaire du chapitre.

L'incertitude des événemens de la guerre engagea Jean d'Aux avant de partir

Archives de Rouquetes.

pour l'armée, comme il s'en explique lui-même, à faire son testament le 13 juillet 1580 devant Espiet, notaire de Jegun, dans lequel il fait certains avantages à Marie de Verdusan, sa femme, et nomme pour son héritier Jean-François de Lescout, sieur de Baque, son frère, et substitue son hérédité à sa sœur Germaine, et à son défaut, appelle les parens de son nom les plus proches. Jean d'Aux servit sous les ordres de M. le maréchal de Matignon : il obtint le gouvernement de la ville et citadelle de Jegun, par brevet du 21 juin 1592,

Ibidem.

auquel il fut installé le 6 du mois d'août de la même année.

Marie de Verdusan n'ayant point d'enfans, fit son testament, et laissa sa succession à Jean d'Aux, son mari, lequel contracta, le 20 mars 1593, devant

Ibidem.

Esparbés,

Esparbés, notaire de Terraube, un second mariage avec Anne Dubouzet de Roquepine, fille de noble Pons Dubouzet, seigneur de Roquepine, Lasbousigues, Ligardes, etc., et de Marguerite de Madirac, dame de Roquepine.

De ce mariage sont issus,

1.° . . . Blaise qui suit.

2.° . . . Pierre qui fut doyen du chapitre de la Romieu.

3.° . . . Henri, chanoine du même chapitre.

4.° . . . Octavien dit le chevalier de Lescout, qui servit à l'armée du Roussillon, dans la troupe de M. le prince, conduite par M. de Fimarcon, maréchal des camps et armées du roi, dont certificat du 29 juillet 1639. *Ibidem.* Octavien fut héritier de M.° Claude Fœrnier, doyen du chapitre de la Romieu, et transigea avec MM. du chapitre sur quelques différens qui étaient survenus à raison de cette succession : l'acte en fut reçu le 15 août 1622 par Lasplaces, notaire de la Romieu. *Ibidem.* Il reçut, le 9 novembre de la même année, ses droits légitimaires de Blaise d'Aux, son frère, à qui il en donna une quittance passée devant Espiet, notaire de Jegun. Il fut marié avec Dominique de Vigier, fille de noble Geraud de Vigier et de Marie de Lamasère; laquelle Dominique fit une donation de tous ses droits le 4 février 1655, passée devant Lasplaces, notaire de la Romieu, en faveur d'Anne-Claire d'Aux, sa fille unique, et dudit Octavien, mariée avec Jean de Castaing, écuyer. Archives du Sourdet. Octavien de Lescout justifia de sa noblesse le 7 juillet 1667 avec les autres membres de la maison d'Aux, devant les commissaires du roi pour la province de Guienne. Cabinet des Ordres du Roi.

5.° . . . Bernard dit le capitaine Lescout, auteur de la branche des seigneurs du Sourdet, dont la postérité sera rapportée à son tour. Auteur des seigneurs du Sourdet.

6.° . . . Jeanne de Lescout mariée par acte du dernier de juin 1615, passée devant Lasplaces, notaire de la Romieu, avec noble Pierre de Cantan, seigneur de Hournets. Archives de Hournets.

7.° . . . Jean d'Aux, chanoine du chapitre de la Romieu.

XIII.

Blaise d'Aux, écuyer, le neuvième patron lai de l'église collégiale Saint-Pierre de la Romieu, seigneur de ladite église et de Lescout, fils de Jean d'Aux et d'Anne Dubouzet de Roquepine, fut installé le 21 mars 1615 au droit de patronage dudit chapitre par Dauqué, notaire de la Romieu; Archives de Rouquetes. et le même jour, faisant usage de son droit, il nomma Jean, son frère, pour occuper un canonicat vacant. Il nomma, le 12 juin 1615, Jean Castaing pour un canonicat; Archives du Sourdet. le 3 janvier 1616, Guillaume Bordes pour une prébende; le 9 mars 1616, noble Octavien de Lescout pour la dignité de doyen; le 9 mars 1617, Jean Rivals pour un canonicat; le 29 novembre 1621, Bertrand Lasplaces pour une prébende; le 7 juin 1622, Jean Dufillo pour une prébende: tous ces actes furent reçus par Dauqué, notaire et secrétaire du chapitre.

Archives de Rouquetes. Blaise d'Aux s'allia le 8 mai 1615, par contrat passé devant Lasplaces, notaire de la Romieu, avec damoiselle Catherine de Jolivet, fille de Gratian de Jolivet et d'Elisabeth Gaudé. Il reçut, le 9 novembre 1622, quittance des droits légitimaires qu'il avait payés à Octavien, son frère, conformément à la Ibidem. transaction qu'il avait passée le 24 août de la même année avec Pierre et Bernard de Lescout, ses frères, pour fixer leurs droits légitimaires. Ces deux actes furent reçus par Espiet, notaire de Jegun.

Blaise fit son testament le 17 janvier 1632, qui fut reçu par Lasplaces, Ibidem. notaire de la Romieu, dans lequel il déclare que de son mariage il est provenu deux filles et un fils, en faveur duquel il ratifie la donation faite en son contrat de mariage; et au restant de ses biens, il institue sa femme pour son héritière, à la charge d'en disposer en faveur de son fils, ou de telle de ses filles qu'il lui plaira; et, en outre, la nomme tutrice et administreresse des personnes et biens de ses enfans et du droit de patronage du chapitre de la Romieu, droit qu'elle exerça jusqu'à la majorité de son fils, toutes les fois qu'il y eût des bénéfices vacans audit chapitre.

Les enfans nommés au testament de Blaise d'Aux sont,

1.° . . . Marguerite de Lescout, qui fut mariée avec François Patras de Ibidem. Campagno, écuyer, seigneur de Campagno et de Ligardes, par contrat du 4 mai 1655, reçu par André Boubée, notaire de Jegun.

2.° . . . Dominique de Lescout.

3.° . . . Jean-Jacques qui suit.

X I V.

Jean-Jacques d'Aux, écuyer, le dixième patron lai de l'église collégiale Saint-Pierre de la Romieu, seigneur de ladite église, de Lescout, de Begadan, du Burrail, de la Beruede, de Meillan, de Vensac, de Notre-Dame de Lesparre et de Poirigués, fils de Blaise d'Aux et de Catherine de Jolivet, Ibidem. fut baptisé le 15 avril 1632 dans l'église paroissiale de Saint-Germain de Vespian, par Bedout, recteur; il fut tenu sur les Fonts par noble Jacques de Maignaut, seigneur de Castillon, de Cosan, etc., et par noble Brandelise de Poudenas. Jean-Jacques d'Aux fut installé au droit de patronage du chapitre Ibidem. de la Romieu le 20 mars 1651 par Dubois, notaire du lieu, et fut assisté par Bernard de Lescout, seigneur du Sourdet, son oncle. Il s'allia le 9 août Ibidem. 1660 avec Marie de Moneins, fille de noble Henri de Moneins, conseiller au parlement de Bordeaux, et de Marie de Senaut, devant Ducasse, notaire de Nerac. Marie de Moneins lui porta en dot la seigneurie de Begadan, située dans le Medoc, et plusieurs fiefs adjacens. Jacques d'Aux rendit son hommage Ibidem. de la seigneurie de Lescout, le 3 janvier 1662, devant Bernard Daspe, juge mage de la ville d'Aux, commissaire député par la chambre des comptes de Ibidem. Navarre. Il justifia de sa noblesse le 7 juillet 1667, conjointement avec Octavien et Bernard d'Aux de Lescout, seigneur du Sourdet, ses oncles, et Amanieu de Lescout, sieur de Baque, son cousin, et fut maintenu en sa qualité par M. Pelot, intendant de Guienne, commissaire nommé par le roi pour la recherche de la noblesse. Jacques d'Aux se rendit à la convocation de la noblesse sous les ordres de M. le maréchal d'Albret, qui lui en fit expédier le certificat le 7 juillet 1674. Il fit son testament le 21 juin, reçu par Bonneau, notaire de Bordeaux, dans lequel tous ses enfans, provenus de son mariage avec Marie de Moneins, sont nommés. *Ibidem.*

1.° . . . Pierre d'Aux qui fut fondé de procuration par Jean-Jacques, son père, pour nommer François de Lescout à la dignité de doyen du chapitre de la Romieu, vacante par le décès de Pierre d'Aux de Lescout, oncle de Jean-Jacques ; ce qu'il exécuta. La procuration est du 12 mai 1678, reçue par Espiet, notaire de Jegun, et la nomination du 12 du même mois, reçue par Duboix, notaire de la Romieu. Pierre d'Aux mourut jeune sans avoir été marié. Archives du Sourdet.

2.° . . . Simon-Pierre qui suit.

3.° . . . Henri d'Aux dit le chevalier de Labernede, qui, après avoir long-temps servi dans la maison du roi, se maria avec noble Jeanne de Basterot, de laquelle il eut trois filles. 1.° Anne d'Aux mariée avec noble Pierre de Bense. 2.° Jeanne d'Aux mariée par contrat du 25 avril 1654, passé devant Fattin, notaire de Lesparre, avec noble Jean-Baptiste Duperié de Lassan, écuyer, père du grand sénéchal de Guienne, dont Romain Duperié. 3.° Marie-Angélique mariée avec François d'Aux, son cousin germain. Archives de Rouquetes.

4.° . . . François d'Aux, auteur de la branche qui réside à Francescas, dont la postérité sera rapportée à son tour. Auteur de la branche qui réside à Francescas.

5.° . . . Anne d'Aux mariée avec noble Amari de Sales, seigneur de Mons, fils de Denis de Sales et de dame Catherine d'Argelonce.

6.° . . . Catherine d'Aux mariée avec noble Odet de Ferbos, seigneur de Magnos.

X V.

Simon-Pierre d'Aux de Lescout, chevalier, le onzième patron laï de l'église collégiale Saint-Pierre de la Romieu, seigneur de ladite église, de Lescout, de Begadan, du Barrail, de Vensac, de Notre-Dame de Lesparre et de Dozan, fils de Jean-Jacques d'Aux et de Marie de Moneins, fut baptisé le 17 août 1666 dans l'église de Saint-Germain de Vespian, par Bedout, curé. Archives de Rouquetes. Il succéda à tous les droits de ses père et mère par la mort de Pierre, son frère aîné. Il fut installé le 7 novembre 1701, par Dubois, notaire, au droit de patronage du chapitre de la Romieu. *Ibidem.* Il contracta un premier mariage avec Françoise de Labat, fille de noble Josué de Labat et de Marie Lesterres. Simon transigea avec Henri et François, ses deux frères, et céda à Henri, pour tous ses droits, le fief de Labernede, et à François, le domaine de Taubiole,

Ibidem.

Simon se maria en secondes noces, par acte passé le 20 septembre 1714 devant avec Marguerite de Pins, fille de Simon

Ibidem.

fit son testament le 19 mars 1738, qui fut reçu par Brignet, notaire de Bordeaux, dans lequel il institue pour son héritier au droit de patronage et au restant de ses biens, François, l'aîné de ses fils du second lit, et fixe le droit légitime de chacun de ses autres enfans. Une pareille disposition fut querellée, comme on le verra ci-après.

Du premier mariage sont issus,

1.° . . . Jean-Jacques d'Aux, chevalier, le douzième patron lai de l'église collégiale Saint-Pierre de la Romieu, seigneur de ladite église, de Lescout, de Begadan, du Barrail, de Notre-Dame de Lesparre, etc., qui, après avoir servi dans la compagnie des chevaux légers de la garde du roi, fut pourvu d'une compagnie de cavalerie au régiment de Saluces, dont il fut successivement major et lieutenant-colonel; et dans l'intervalle il fut décoré de la croix de Saint-Louis. Jacques d'Aux, après la mort de son père, prit possession du patronage du chapitre de la Romieu, auquel il fut installé le 22 novembre

Archives du Barrail.

1744 par Dauqué, notaire du lieu; ce qui occasiona un grand procès qu'il eut à soutenir contre François, son frère aîné du second lit, que Simon leur père avait nommé pour son successeur. Ce procès fut terminé par un arrêt définitif du parlement de Bordeaux, qui décida que le père n'avait pas le droit de nommer son successeur; que la volonté expresse d'Arnaud d'Aux, cardinal, fondateur de ce chapitre, a transmis irrévocablement ce droit à l'aîné des mâles de la maison d'Aux, et qu'à ce titre il devait appartenir à Jean-Jacques, qui devint aussi possesseur de l'héritage paternel à raison de la donation contractuelle qu'avait fait son père. Jean-Jacques céda à la marquise de Lussan d'Esparbés, sa sœur, pour tous les droits qu'elle pouvait prétendre du chef de ses père et mère, la seigneurie de Lescout, qui avait été si long-temps possédée par la maison d'Aux. M. le marquis de Lussan, son fils aîné, en fit la vente, par

Archives de Lescout.

contrat du 11 mai 1765, passé devant Ninot, notaire de Stafort, à mademoiselle de Lussan, sa sœur, qui la transmit avec son héritage à M. le baron d'Esparbés, son frère; celui-ci l'ayant vendue par acte du 22 mai 1766, passé devant Théodolin, notaire de la ville d'Auch, elle fut retrayée par dame Marie-Françoise d'Aux, épouse de messire Antoine-François de Thesan; laquelle, à la faveur du retrait lignager, obtint le 17 août 1767 un jugement des requêtes du palais de Toulouse, en exécution duquel le sieur Daubas, procureur du roi de la ville d'Auch, qui en avait été l'acquéreur, consentit, le 10 novembre 1767, devant le même Theodolin, l'acte de revente de la seigneurie de Lescout en faveur de ladite dame de Thesan.

Jean-Jacques fut marié avec noble Louise Marguerite de Châteaurenard,

Archives du Barrail.

fille de messire Henri, comte d'Aimard de Châteaurenard, seigneur de Sainte-

Catherine, de Jarnac, de Champagnes, de Queyries, de Monquelgnes, de Moussalier, etc., chevalier de l'ordre de Saint-Louis, lieutenant-colonel du régiment de Languedoc dragons, et de noble Marie de Verdusan Miran, baronne de Causaq, par contrat du 8 avril 1750, reçu par Monferrand, notaire du lieu de Biran, dans la sénéchaussée d'Auch; duquel mariage il n'y eut point d'enfans. Archives du Barrail.

2.° . . . Marie d'Aux qui fut mariée, du consentement de son père, qui fut présent au contrat de son mariage du 8 mai 1714, passé devant Duboix, notaire de la Romieu, avec messire Auguste-Léon d'Esparbés, marquis de Lussan, seigneur de Saint-Medart.

Du second mariage sont issus,

1.° . . . François qui suit.

2.° . . . Autre François, seigneur du Barrail, dont la postérité sera rapportée après celle de son aîné. Seigneurs du Barrail.

3.° . . . Henri d'Aux, seigneur de Pavignon, Romefort, Courtieux, etc., après avoir servi dans les chevaux légers de la garde du roi, a passé dans un autre corps où il a le grade de lieutenant-colonel d'infanterie. Il est marié, par contrat du 2 février 1748, passé devant Raymond Fatin, notaire de Lesparre, avec noble Geneviève-Michelle de la Richardière, fille de messire Abraham-Michel de la Richardière, grand secrétaire du roi, et de noble demoiselle Penicaut de Lucé. Il n'a point d'enfans de ce mariage.

4.° . . . Marie d'Aux mariée, du consentement de son père présent à l'acte de son mariage du 23 mai 1736, avec messire Joseph de Saint-Gresse, écuyer, seigneur de Merens.

5.° . . . Marie-Françoise d'Aux mariée, par contrat du 15 juillet 1760, passé devant Boyer, notaire de Valence de Condomois, avec messire Antoine-François de Thesan, conseiller du roi ez cour des aides et finances de Montauban.

6.° . . . N.. d'Aux, clerc tonsuré, chanoine du chapitre de la Romieu, mort aux études.

7.° . . . Marguerite d'Aux, demoiselle.

8.° . . . N. . . d'Aux mort en bas âge.

X V I.

François d'Aux de Lescout, chevalier, le treizième patron lai de l'église collégiale Saint-Pierre de la Romieu, seigneur de ladite église, de Peirigués, de Begadanet, de Labernede, de Notre-Dame de Lesparre et de Doasan, fils de Simon-Pierre d'Aux et de dame Marguerite de Pins, est né à Lescout le 5 mai 1718, et a été baptisé le 8 du même mois dans l'église de Saint-Germain, par Cornet, curé. Archives de Ronquetes. François, après avoir obtenu des dispenses de la cour de Rome, s'est allié le 26 août 1749, par acte reçu par Fatin, notaire de Lesparre, avec Marie-Angélique d'Aux de Lescout, sa cousine germaine, fille de messire Henri d'Aux dit le chevalier de Labernede, et de noble Jeanne *Ibidem.*

de Basterot. François, après la mort de Jean-Jacques son frère, prit possession du patronage du chapitre de la Romieu, auquel il fut installé le 16 novembre 1767 par Lavardins, notaire du lieu. François d'Aux, ses frères et sœurs, et la dame Marguerite de Pins, leur mère, transigèrent avec Jean-Jacques, leur frère aîné du premier lit, à raison de leurs droits sur la succession de Simon leur père : l'acte en fut passé à Bordeaux le 11 février 1747 devant Perrein et Dubos, notaires. Il y eut un autre partage entre François, ses frères et les MM. d'Esparbés, leurs neveux, concernant la succession de Jean-Jacques d'Aux mort *ab intestat*. Après la mort de Marguerite de Pins, François d'Aux, ses frères et sœurs vinrent à partage, à raison de la succession de leur mère.

Ibidem.

Ibidem.

François a de son mariage quatre enfans.

1.° . . . Jean-Jacques qui suit.

2.° . . . Pierre-Hérard, né le 7 novembre 1752, et baptisé le 9 du même mois dans l'église de Saint-Barthelemi de Camarade, par Morlan, curé.

3.° . . . Jean-Baptiste, né le 22 mars 1765, et baptisé le même jour dans l'église de Saint-Barthelemi de Camarade, par Morlan, curé.

4.° . . . Marie-Françoise, demoiselle.

XVII.

Jean-Jacques d'Aux de Lescout, chevalier, fils de François d'Aux et de Marie-Angélique d'Aux, est né le dernier d'octobre 1751, et a été baptisé le lendemain dans l'église de Saint-Barthelemi de Camarade, par Morlan, curé. Il a contracté mariage le 16 juillet 1777, devant Brun et Verdelet, notaires de Bordeaux, avec Marie-Angélique-Bernardine Chavaille de Fougeras.

Ibidem.

La célébration en fut faite dans l'église de Saint Seurin de Bordeaux le 28 juin suivant par Tresmolieres, vicaire.

Il a de son mariage,

1.° . . . Henri-Raymond.

2.° . . . Marie-Angélique-Françoise-Léontine.

3.° . . . Pierre-Gerard-Barthelemi.

4.° . . . Jean-Baptiste-Édouard.

SECONDE BRANCHE

DES SEIGNEURS DU BARRAIL EN MÉDOC.

XVI.

François d'Aux de Lescout, dit le chevalier d'Aux, seigneur du Barrail, de Frontignon, de Versac, etc., second fils de Simon-Pierre d'Aux et de Marguerite de Pins, chevalier de l'ordre militaire de Saint-Louis, nommé aux testamens de ses père et mère, a servi très-long-temps dans les chevau-légers de la garde du roi. . . . Il assista avec tous ses frères et sœurs aux contrats de partage déjà cités. Il s'est allié le 1.er septembre 1752 avec Henriette-Michelle de la Richardière, fille de messire Abraham-Michel de la Richardière, grand secrétaire du roi, et de noble demoiselle Penicaud de Lucé, par acte reçu par Pierre Colignau, notaire de Bordeaux. Archives du Barrail.

Il a de son mariage,

1.° . . . Barthelemi qui suit.

2.° . . . Joseph-Gerard, baptisé le 19 avril 1760.

3.° . . . Geneviève.

4.° . . . Marie-Françoise.

5.° . . . Sainte-Geneviève-Lussete.

XVII.

BARTHELEMI D'AUX de Lescout, chevalier, fils de François d'Aux et d'Henriette-Michelle de la Richardière, né et baptisé le 2 août 1754, chevau-léger de la garde ordinaire du roi, a contracté mariage, devant Lambert, notaire royal de Begadan en Medoc, le 26 novembre 1785, avec Marie-Angélique de Lussac, fille de M. de Lussac, avocat au parlement de Bordeaux, et de noble Marie-Sainte Davaugourt de Belloneau.

TROISIÈME BRANCHE.

XV.

FRANÇOIS D'AUX de Lescout dit le chevalier d'Aux, fils de Jean-Jacques d'Aux, dixième patron lai de l'église collégiale Saint-Pierre de la Romieu, seigneur de ladite église, de Lescout, de Begadan, etc., et de dame Marie de Moneins, nommé au testament de son père, du 21 juin 1701, reçu par Bonneau, notaire de Bordeaux, servait dans la maison du roi. Il fut attiré à Francescas, au diocèse de Condom, par le mariage qu'il contracta le 5 novembre 1720, devant Vivens, notaire du lieu, avec Marie-Anne de Rostaing, fille de noble Joseph de Rostaing, capitaine d'infanterie, et de demoiselle Magdelaine de Laroche. Peu de temps après il transigea avec Simon, son frère aîné, qui lui céda pour ses droits légitimaires le domaine de Taubiole. François acheta à Jeanne Baché, veuve d'Antoine de Peirnot, capitaine de cavalerie, certaine contenance de terre nommée à la Porterie, par acte du 20 juin 1742, reçu par Vivens, notaire de Francescas. Archives de Rouquetes. Archives de St. Vincens. *Ibidem.*

François d'Aux eut de son mariage deux fils et deux filles, tous nommés au testament de Marie-Anne de Rostaing, leur mère, du 8 mars 1750, reçu par Vivens, notaire; savoir,

1.° . . . Marguerite, demoiselle.

2.° . . . Henri qui suit.

3.° . . . Joseph, ecclésiastique, mort à l'âge de 26 ans.

4.° . . . Anne mariée avec François de Revignan, écuyer, seigneur de Revignan.

XVI.

Ibidem. HENRI D'AUX de Lescout, chevalier, fils de François d'Aux et de Marie-Anne de Rostaing, naquit à Francescas, et fut baptisé le 6 mars 1726, par Goudin, vicaire de la paroisse. Après avoir occupé pendant cinq ou six ans une cornette de dragons dans le régiment de Bertillac, et s'être trouvé à des affaires très-périlleuses et au siége de Fribourg, il fut réformé à la paix. Il fut institué héritier au testament de sa mère, du 8 mars 1750, reçu par Vivens, notaire, et consentit un partage avec ses frères et sœurs concernant l'hérédité de son père mort *ab intestat*, dont acte reçu par le même Vivens le 14 avril 1750. Henri d'Aux s'allia, devant le même notaire, le 24 janvier 1758, avec Marie de Soubiran du Dehés, fille de Jean-François de Soubiran du Dehés, écuyer, ancien capitaine d'infanterie au régiment d'Orléans, et de noble dame Paule de Patras de Campagno.

Ibidem. (margin)

Ibidem. (margin)

De ce mariage sont issus,

1.° . . . Jean-François, baptisé le 16 février 1759 par Dumas, vicaire de la paroisse de Francescas. Il sert dans la maison du roi.

2.° . . . Simon-Pierre-Marie-Théodore-Irenée, baptisé dans l'église de Francescas par le même Dumas, vicaire, le 26 mars 1763. Il est enseigne de vaisseau au département de Rochefort.

QUATRIÈME BRANCHE

DES SEIGNEURS DU SOURDET.

XIII.

BERNARD D'AUX de Lescout, chevalier, dit le capitaine Lescout, seigneur du Sourdet, cinquième fils de Jean d'Aux VI du nom, neuvième patron lai de l'église collégiale Saint-Pierre de la Romieu, seigneur de ladite église et de Lescout, et de noble Anne Dubouzet de Roquepine, damoiselle, naquit au château de Lescout, et fut baptisé le 15 novembre 1606 dans l'église paroissiale de Saint-Germain de Vespian, par M.° Thore, chanoine de l'église de Sainte-Candide, et recteur de celle de Saint-Germain. Bernard de Lescout, dans sa minorité, et Pierre son frère, transigèrent, le 24 août 1622, devant Espiet, notaire de Jegun, avec Blaise d'Aux, leur frere aîné, patron lai du chapitre de la Romieu, pour fixer leurs droits de légitime, tant paternels que maternels; cet acte servit de base à celui du 2 février 1629, reçu par Lasplaces, notaire de la Romieu, dans lequel Bernard de Lescout, gendarme du roi, fit une liquidation des intérêts échus de sa légitime avec Blaise d'Aux, son frère aîné; et comme il était à même de partir pour aller faire son service, il fit le même jour, et devant le même notaire, son testament, dans lequel il disposa de tous ses biens en faveur de Blaise d'Aux, son frère. Bernard était

Archives du Sourdet. — *Ibidem.* — *Ibidem.* — *Ibidem.* (margin)

encore

encore gendarme lorsqu'il fit sa procuration, le 15 du mois de décembre de l'année suivante, devant le même notaire, à Pierre de Lescout, son frère, contenant un pouvoir exprès de retirer son droit de légitime des mains de Blaise d'Aux, leur frère aîné : elle demeura sans effet; ce fut Bernard lui-même, alors mousquetaire, qui reçut la somme des mains de demoiselle Catherine de Jolivet, veuve de Blaise d'Aux, et mère tutrice de ses enfans, à qui il fournit quittance, le 13 mars de l'année 1634, passée devant Lasplaces, notaire de la Romieu. Il était enseigne dans le régiment de Normandie, lorsqu'il donna, le 13 juillet 1637, sa procuration à noble Octavien de Lescout, son frère, pour retirer toutes les sommes qui lui étaient dues. Cet acte fut passé devant de Beaufort et Derzeaunnaud, notaires du Châtelet de Paris.

Ibidem.

Ibidem.

Bernard de Lescout ne tarda pas à être fait capitaine au régiment de Normandie; et sans discontinuer ses services, il contracta mariage le 24 août 1642, devant Dallias, notaire de la Romieu, avec Dominique de Maruque, fille de Pierre de Maruque, écuyer, homme d'armes de la compagnie de Navarre, et de noble Marie de Vigier. Il fut assisté à son contrat de mariage par Anne du Bouzet de Roquepine, sa mère, et par deux de ses frères. Dominique de Maruque lui porta en dot des biens situés près de la Romieu, où Bernard et sa postérité fixèrent leur résidence. Bernard servit très-long-temps en qualité de capitaine au régiment de Normandie; il fut fait aide des camps et armées de sa majesté par brevet du 2 février 1646, et en faisait les fonctions à l'armée commandée par le Prince Thomas de Savoie, général des armées de France en Italie. Il acheta le fief noble du Sourdet à son cousin Blaise du Bouzet, seigneur de Ligardes, capitaine de cavalerie, par acte du 12 mars 1651, passé devant Dauqué, notaire de la Romieu. Il justifia de sa noblesse le 7 juillet 1667, conjointement avec son frère Octavien, Jean-Jacques d'Aux, patron lai du chapitre de la Romieu, son neveu, et Amanieu de Lescout, sieur de Baque, son cousin; et fut maintenu en sa qualité par M. Pelot, intendant de Guienne, commissaire nommé par le roi pour la recherche de la noblesse.

Ibidem.

Ibidem.

Ibidem.

Cabinet des Ordres du Roi.

Bernard, devenu veuf, contracta un second mariage, par acte du 26 janvier 1668, passé devant Dubois, notaire de la Romieu, avec noble Jeanne de Bousquet, veuve de noble Charles de Cibaut, seigneur de Saint-Mesard, auquel il fut assisté par deux de ses frères, et par Pierre d'Aux, son fils. Il se rendit à la convocation de la noblesse à d'Aqs, sous les ordres de M. le maréchal d'Albret, gouverneur et lieutenant-général pour le roi en Guienne, dont certificat du 5 juillet 1674. Il consentit, le 15 septembre 1679, devant Dubois, notaire de la Romieu, une donation en faveur de Pierre d'Aux, son fils, et fit son testament devant le même notaire le 17 mai 1680.

Archives du Sourdet.

Ibidem.

Ibidem.

De son mariage avec Dominique de Maruque sont issus,

1.° . . . Pierre qui suit.

2.° . . . Jeanne, morte en bas âge.

Archives de Balade. 3.° . . . Anne d'Aux, qui, assistée de son père, fut mariée avec noble Pierre de Brossier, seigneur de Balade et de Saint-Simon, fils de noble Louis de Brossier, seigneur de Balade et de Saint-Simon, et de noble Jeanne de Gourdieges, dont acte du 20 mai 1671, reçu par Dubourg, notaire de Sos.

De son second mariage, Bernard eut un fils mort en bas âge.

X I V.

Archives du Sourdet. PIERRE D'AUX de Lescout premier du nom de cette branche, chevalier, seigneur du Sourdet, fils de Bernard d'Aux de Lescout et de Dominique de Maruque, institué héritier au testament de son père, naquit au château de Gensac, où ses parens s'étaient retirés pendant les alarmes de la peste; et fut baptisé le 22 septembre 1652, dans l'église de Notre-Dame de Caulasun, par M.e Garrid, curé dudit lieu. Il fit ses premières armes sous les ordres de M. le chevalier de Lahillere, maréchal des camps et armées du roi, son parent, qui commandait à Rocroix, qui lui fit obtenir le commandement d'une compagnie de fusiliers; il quitta ce service, et fut nommé, par commission du *Ibidem.* 30 juin 1693, capitaine d'infanterie au régiment de Castaing, dont M. de *Ibidem.* Castaing, son beau-frère, était colonel. Il assista, le 4 juin 1695, à la revue qui fut faite à Bazas de la noblesse convoquée sous les ordres de M. le marquis de Montferran, grand sénéchal de Guienne.

Pierre d'Aux avait déjà obtenu des dispenses de la cour de Rome, et con- *Ibidem.* tracté mariage, le 8 juillet 1685, devant Dubois, notaire de la Romieu, avec Anne de Castaing, fille de feu noble Jean de Castaing et de noble Anne-Claire d'Aux de Lescout. La maison de Castaing fournissait dans le même temps plusieurs militaires. Octavien, frère d'Anne de Castaing, était colonel d'infanterie; Pierre-Paul de Castaing, son oncle, était maréchal des camps et armées du roi, et enseigne de ses gardes; celui-ci avait un frère, lieutenant-colonel du régiment de cavalerie de Marsillac.

Ibidem. Pierre d'Aux transigea, le 25 septembre 1690, devant Dubois, notaire de la Romieu, avec MM. du chapitre de ladite ville, et assigna des fonds pour l'obituaire fondé en leur église pour le repos de l'ame de Bernard d'Aux, son père, et MM. du chapitre reconnurent son droit de tombe dans le chœur de leur église, comme étant de la maison du fondateur. Il fit enregistrer ses *Ibidem.* armes au grand armorial de France, dont brevet du 15 avril 1698, *signé* D'HOSIER.

De son mariage avec Anne de Castaing, Pierre d'Aux eut trois fils et une fille; mais il n'y eut que Pierre, qui suit, qui survécut à son père; les autres moururent sans être mariés.

X V.

PIERRE D'AUX de Lescout II.e du nom, chevalier, seigneur du Sourdet, fils de Pierre d'Aux et d'Anne de Castaing, fut baptisé le 18 du mois d'avril 1692 dans l'église paroissiale de la Romieu, par Jean Dufilho, vicaire. Il fut cornette de cavalerie dans le régiment d'Uzés, qui fut ensuite Marsillac, dont son oncle de Castaing était lieutenant colonel. Il se trouva à la bataille de Malplaquet, à l'affaire de Denain et à celle de Marchiennes, et servit jusqu'à la paix, époque de sa réforme. Il s'allia, du consentement de son père, par acte du 13 novembre 1725, passé devant Dausac, notaire de Nerac, avec Marie-Magdelaine de Goudour, fille d'André de Goudour, écuyer, et de dame Marie de Toulouse. *Ibidem.* *Ibidem.*

Marie-Magdelaine de Goudour fit son testament, qui fut reçu le 7 mars 1751 par Lavardins, notaire de la Romieu, dans lequel elle institue pour son héritier Pierre d'Aux, son mari, à la charge de remettre son hérédité à celui de ses fils qu'il voudra choisir. Pierre d'Aux fit son testament clos le 26 octobre 1768, dont la minute originale fut déposée chez Lavardins, notaire de la Romieu, qui en fit l'acte d'ouverture le 17 mars 1775, dans lequel il institue pour son héritier principal Pierre d'Aux, son fils aîné, et dote Louis, son second fils. *Ibidem.* *Ibidem.*

Du mariage de Pierre d'Aux il ne reste que deux fils :

1.° . . . Pierre qui suit.

2.° . . . Louis dit le chevalier d'Aux, capitaine commandant au régiment de Toul, du corps royal de l'artillerie, par commission du 31 juillet 1767. Il a fait le siége de Mahon, et pendant la suite de cette guerre toutes les campagnes d'Allemagne ; il a été décoré de la croix de Saint-Louis en 1777.

X V I.

Pierre d'Aux de Lescout III.° du nom, chevalier, seigneur du Sourdêt, fils de Pierre d'Aux et de Marie-Magdelaine de Goudour, nommé au testament de sa mère, et institué héritier principal dans celui de son père, est né à Nerac, et a été baptisé dans l'église paroissiale de Saint-Nicolas de ladite ville le 24 février 1728, par Larlat, curé. Il a été pendant quelques années cornette de cavalerie. Il a eu le consentement de son père dans le mariage qu'il a contracté le 5 avril 1752, devant Deliure, notaire du Mas-d'Agenois, avec Jeanne-Rose de Bock, fille de feu Marc-Antoine de Bock, écuyer, et de feue dame Anne de Partarrieu. *Ibidem.* *Ibidem.*

De ce mariage sont issus,

1.° . . . Jeanne d'Aux qui a été assistée par son père au mariage qu'elle a contracté le 23 novembre 1778, devant Lavardins, notaire de la Romieu, avec messire Jean-Arnaud Boissy de Dubois, écuyer, capitaine commandant au corps royal de l'artillerie, chevalier de l'ordre militaire de Saint-Louis. *Ibidem.*

2.° . . . . Marguerite d'Aux, demoiselle.

3.° . . . . Jean-Baptiste-Pierre-Anne qui suit.

X V I I.

Jean-Baptiste-Pierre-Anne d'Aux de Lescout, chevalier, fils de Pierre *Ibidem.* d'Aux et de Jeanne-Rose de Bock, est né le 20 juillet 1761, et a été baptisé le même jour dans l'église paroissiale de Notre-Dame de la ville de la Romieu, par le sieur Buret, doyen et curé. Il a été admis le 30 octobre 1773 au nombre des pages de monseigneur le comte d'Artois, après avoir justifié de sa noblesse par les titres originaux présentés au sieur Jean-Baptiste-Guillaume de Gevigné, écuyer, généalogiste de sa maison. A sa sortie des pages, il a obtenu une sous-lieutenance de cavalerie au régiment d'Artois; il a été assisté par son père dans *Ibidem.* le mariage qu'il a contracté le 24 avril 1783 devant Deliure, notaire du Mas-d'Agenois, avec Susanne de Lavaissiere de Bruse, demoiselle, fille de feu messire Louis de Lavaissiere de Bruse, écuyer, et de dame Louise Auros. De ce mariage sont issus: 1° anne-rose; 2° Louise-henriette-zoe.

CINQUIÈME BRANCHE

Des Seigneurs de Cahusac, Lagarde, Mirane, de Saint-André, du Luc.

X I.

Charles d'Aux de Lescout, écuyer, seigneur de Cahusac, second fils de Jean d'Aux de Lescout IV du nom, seigneur de Lescout, et de Catherine de Mœrcier de Valarin, a laissé à sa postérité peu d'actes pour justifier son origine; mais ses fils et petits-fils nous ont transmis des pièces authentiques qui prouvent leur descendance de la branche aînée.

Archives du Luc. Charles de Lescout fit son testament, qui fut reçu le 2 février 1557 par Forteau, notaire de Montréal, dans lequel il dispose des biens dépendans du château de Valarin à lui échus du chef de Catherine de Mœrcier, sa mère, et déclare avoir été marié avec défunte Armoise de Maliac, fille de noble Sanxe de Maliac, de laquelle il a Jean de Lescout, qu'il institue pour son héritier. Il veut et entend que son corps soit enseveli dans l'église collégiale Saint-Pierre de la Romieu au tombeau de ses ancêtres, et lègue la somme de 100 liv. à ladite église, pour faire prier Dieu pour le repos de son ame.

A l'époque de ce testament il ne restait à Charles qu'un fils vivant; il n'en nomme point d'autre : cependant il est certain que Charles de Lescout, seigneur de Mirane, était son fils aîné, comme il sera justifié ci-après.

Du mariage de Charles vinrent,

1.° . . . . Charles de Lescout, seigneur de Mirane, qui, avant de partir *Ibidem.* pour l'armée, fit son testament, qui fut reçu le 16 avril 1552 par Legay, notaire de Condom, dans lequel il institue pour son héritier principal Guillaume de Lescout, son fils, et dote Catherine et Frise, ses filles; il laisse la jouissance et administration de ses biens, sans rendre compte, à Marie du Sauve, sa femme; et déclare qu'il n'entend point déroger par le présent testament aux pactes de mariage passés entre ladite Marie du Sauve, sa femme, et lui, assisté de Charles de Lescout, seigneur de Cahusac, son père, et de Catherine de Mœrcier, son aïeule, veuve de noble Jean d'Aux, seigneur de Lescout, son aïeul.

On voit par ce testament que Charles de Lescout, seigneur de Mirane, était fils d'autre Charles de Lescout, seigneur de Cahusac, et petit-fils de Jean d'Aux IV du nom, seigneur de Lescout, et de Catherine Mœrcier de Valarin. Il reste à justifier qu'il est le frère aîné de Jean de Lescout, institué héritier au testament de leur père. A cet effet, il faut recourir au testament de ce Jean de Lescout, son frère, reçu le 8 mars 1557 par Cortic, notaire de Condom, dans lequel le testateur déclare qu'avant de partir pour l'armée, il veut disposer de ses biens de la manière qui suit. Il institue pour son héritier noble Bernard de Lescout, seigneur de Romegas; et substitue son hérédité à Guillaume, fils de défunt Charles de Lescout, seigneur de Mirane, son frère aîné. Guillaume mourut sans postérité. *Ibidem.*

2.° . . . . Jean qui suit.

X I I.

Jean de Lescout dit le capitaine Mirane, écuyer, seigneur de Cahusac, second fils de Charles de Lescout et d'Armoise de Maliac, institué héritier au testament de son père, servait dans la compagnie de trente hommes d'armes des ordonnances du roi, sous la charge et conduite de M. de Montluc. Il fut présent aux montres qui en furent faites à Layrac le 15 juillet 1565, à Agen le 21 mai 1566, et au village d'Angollyn près de la ville de la Rochelle, le camp du roi y étant devant, le 9 avril 1573. Il fut maréchal des logis de la compagnie de cinquante hommes d'armes de M. Blaise de Montluc, chevalier de l'ordre du roi, et fut présent à la montre qui en fut faite dans la ville de Fleurance en Gaure, le 23 juillet 1685, dont certificat. Signé Montluc, etc. Cabinet des ordres du Roi.

Jean de Lescout, avant de partir pour l'armée, fit son testament le 8 mars 1557, duquel on a donné ci-devant l'extrait : il contracta mariage le 1.er du mois d'août 1569 avec Bertrande de Berrac, fille de feu noble Pierre de Berrac, co-seigneur de Berrac; et le 16 du même mois, jour de la célébration de son mariage, Jean, assisté de Géraud de Lescout, son oncle, doyen du chapitre de la Romieu, consentit une reconnaissance de la somme de 500 liv. tournoises, payée par Catherine de Berrac, dame dudit lieu, sœur de sa femme, à compte de celle qu'elle avait constituée à Bertrande. Ces deux actes furent passés devant Casaubon, notaire à Berrac. Jean de Lescout acheta à Pierre Clamoys un lopin de terre au claux de Cahusac, situé dans la paroisse de la Ressingle, par acte du 23 octobre 1592, reçu par Cortic, notaire royal. Bertrande de Berrac, autorisée par son mari, fit un pareil achat situé au Archives du Luc.

même lieu à Guillem Coutures, dont acte du 18 juin 1596, reçu par Latornerie, notaire de Condom.

Du mariage de Jean de Lescout vinrent,

1.° . . . . Alexandre qui suit.

Ibidem. 2.° . . . . Charles de Lescout, seigneur de Lagarde-Mirane, capitaine au régiment du prince de Falcibourg, qui consentit le 1.er de janvier 1630 une donation passée devant Latornerie, notaire de Condom, en faveur de noble Alexandre de Lescout, son frère, seigneur de Lachapelle-Mirane, un des cent gentilshommes de la reine-mère, par laquelle il donne à sondit frère tous les biens qu'il a et peut prétendre sur la maison noble de Valarin et dépendances d'icelles, à lui échues tant par le décès de feu Jean de Lescout et de Bertrande de Berrac, ses père et mère, qu'autrement.

3.° . . . . Pierre de Lescout, seigneur de Cahusac, qui fut marié avec noble de Vaillac de Genoilhac, de laquelle il eut Louis-Charles de Lescout, seigneur de Mirane, lequel, après la mort de son père, eut pour curateur noble Jean Dugout, seigneur du Bouzet, que Louise de Vaillac avait épousé dans ses secondes noces. Louis-Charles, partant pour l'armée, fit son testament, *Ibidem.* le 11 septembre 1631, qui fut reçu par Fortean, notaire de Montréal, dans lequel il institue pour son héritier Alexandre de Lescout, seigneur de Lachapelle-Mirane, son oncle, pour tous les biens qui peuvent lui revenir, tant du chef de Pierre, son père, que des successions de Jean de Lescout et de Bertrande de Berrac. Il substitue son hérédité aux enfans d'Alexandre, et fait un legs à Jeanne de Lescout, sa tante, mariée avec noble Guillaume de Montgauge, seigneur de Laplagne, et donne la jouissance de tous ses biens à Louise de Vaillac, sa mère : il mourut sans postérité.

4.° . . . . Fabian de Lescout, seigneur de Mirane, capitaine d'une compagnie d'arquebusiers à cheval pour la garde de M. le maréchal de Themines, *Ibidem.* par commission du 4 juillet 1620, qui fut représenté par Alexandre, son frère aîné, dans une transaction du 31 mai 1625, dont l'extrait se trouvera ci-après à l'article d'Alexandre.

5.° . . . . Jeanne de Lescout mariée avec noble Guillaume de Montgauge, seigneur de Laplagne.

6.° . . . . Marguerite de Lescout mariée avec noble Nicolas Dulne, sei- *Ibidem.* gneur du Brunet, laquelle, par acte du 29 mars 1635, passé devant Dauguyn, notaire de Condom, donna sa procuration à autre Dauguyn, procureur audit Condom, pour qu'il allât assister de sa part au mariage d'Alexandre, son frère, et renoncer en sa faveur à la substitution dont elle était favorisée dans le testament de Fabian de Lescout, seigneur de Mirane, son frère, ainsi qu'à la somme de 1000 liv. qui lui était léguée par demoiselle Jeanne de Mœrcier, dans son testament du 22 janvier 1592.

X I I I.

ALEXANDRE DE LESCOUT, écuyer, seigneur de Lachapelle-Mirane, du Luc et de Saint-André, un des cent gentilshommes de la reine-mère, fils de Jean de Lescout et de Bertrande de Berrac, fut pourvu le 2 février 1617 d'une commission de capitaine d'arquebusiers à cheval pour la garde de M. le maréchal de Themines. *Ibidem.*

Le dernier de mai de l'année 1625, il fut passé une transaction devant Dauguyu, notaire de Condom, dans laquelle Alexandre, faisant, tant pour lui que pour Charles et Fabian, ses frères, d'une part; et messire Jean Dugout, seigneur du Bouzet, en qualité de curateur de noble Louis-Charles de Lescout, leur neveu, et les sieurs de Pomés, sieur de Luzan, et Antoine Regerd, procureurs-fondés de Louise de Vaillac, dame du Bouzet, d'autre part; il est accordé qu'en conséquence de certains payemens faits par Alexandre, Charles et Fabian de Lescout, ces trois frères seront mis en possession des biens de Valarin, et seront tenus de payer annuellement à Louis-Charles, leur neveu, une rente de 40 liv. jusqu'au temps où ils seront remboursés par leurdit neveu de la somme de 2350 liv., et qu'à cette époque il sera admis à la jouissance des biens de Valarin; et par le même acte Louise de Vaillac acquiert de Louis-Charles, son fils, la faculté de rachat de la métairie de Peninon; et peu de temps après ladite dame ratifia le tout. *Ibidem.*

Alexandre de Lescout recueillit la donation qui lui fut faite le 1.er de janvier 1630 par Charles, son frère; il fut institué héritier au testament de Charles, son neveu, du 11 septembre 1631; il s'allia par contrat du 30 mars 1635, passé devant Forteau, notaire de Montréal, avec Françoise de Galard, damoiselle, fille de noble Alexandre de Galard, seigneur de Valarin, et de damoiselle Isabeau de Corbie. Il mourut, le 12 octobre 1669, âgé de 96 ans; témoin son extrait mortuaire. *Ibidem.*

De son mariage sont issus,

1.° . . . Jean-Louis qui suit.

2.° . . . Marguerite de Lescout.

3.° . . . Bertrande de Lescout, qui assista Jean-Louis, son frère, à son mariage, et lui fit don d'une partie de ses biens.

4.° . . . Jeanne de Lescout.

X I V.

JEAN-LOUIS de Lescout, écuyer, seigneur du Luc et de Saint-André, fils d'Alexandre de Lescout et de Françoise de Galard, fut baptisé le 10 mai 1642, dans l'église du Poumaro, par Bordes, curé. Il produisit tous les actes susmentionnés devant les commissaires préposés par sa majesté pour la recherche de la noblesse, et fut maintenu en sa qualité par jugement du 10 septembre 1675. Il assista en qualité de maréchal des logis à la convocation de la noblesse *Ibidem.*

sous les ordres de M. le maréchal d'Albret, dont certificat du 5 juillet 1674.

Ibidem. Jean-Louis contracta mariage, par acte du 9 novembre 1690, passé devant Boysset, notaire de Laroque-Maniban, avec noble Françoise Dugout, veuve de noble Jean de Laroche, écuyer, seigneur de Fouceries, de laquelle il n'eut point d'enfans.

Cette branche éteinte portait les armes de la branche aînée.

SIXIÈME BRANCHE

Des Seigneurs de Romegas et de Mansonville.

I X.

Jean de Lescout, écuyer, seigneur de Romegas et de Mansonville, second fils de Guillem d'Aux de Lescout, damoiseau, le cinquième patron lai de l'église collégiale Saint-Pierre de la Romieu, seigneur de ladite église, de Montpelier et de Lescout, et de Catherine de Marrens, damoiselle, est l'auteur de la branche de Lescout-Romegas. Le testament de Guillem, son père, étant égaré, il faut avoir recours à d'autres moyens pour justifier son origine. Il a été prouvé ci-devant que Jean d'Aux III du nom, patron lai du chapitre de la Romieu, qui a continué la branche aînée, était fils de Guillem ainsi que Bernard de Lescout, seigneur de Mahen, chanoine du chapitre de la Romieu; et nous justifierons que Jean de Lescout, seigneur de Romegas, était leur frère. Guillem d'Aux, par son testament, avait fondé pour le repos de son ame un obit qu'on célèbre tous les ans dans l'église du chapitre de la Romieu; Bernard de Lescout, son fils, chanoine, en acquitta les fonds, et reçut, le 17 novembre 1525, devant Abbellana, notaire de la Romieu, une quittance par laquelle le chapitre reconnaît avoir reçu pour l'obit de feu noble Guillem d'Aux, quand vivait patron lai de leur chapitre, et seigneur de Lescout, par les mains de Bernard de Lescout, chanoine, son fils, la somme de dix petits écus qui ont été donnés de suite à Guillem de Guillamere, prébendier dudit chapitre, sous la rente de 27 sols. Nous produirons une seconde preuve non moins équivoque, que Bernard de Lescout, chanoine, était frère de Jean d'Aux III du nom. Celui-ci, dans son second contrat de mariage du 26 novembre 1505, passé devant Jean Gaimard, notaire de Savran, donne en jouissance, en cas de prédécès, à Charlotte de Gordon, sa future femme, la maison d'Aux située à la Romieu, attenante à celle de Bernard de Lescout, son frère, chanoine du chapitre de ladite ville. Dans le même contrat, Jean d'Aux fut assisté par autre Bernard de Lescout, seigneur de Peine, son frère. Après avoir établi la fraternité de Jean d'Aux, de Bernard de Lescout, le chanoine, et d'autre Bernard de Lescout, seigneur de Peine, il reste à prouver que Jean de Lescout, seigneur de Romegas et de Mansonville, était leur frère,

Archives du Chapitre de la Romieu.

Archives de Rouquetes.

frère ; à cet effet, il faut recourir à son testament du 11 octobre 1503, reçu à Mansonville, où il faisait sa résidence, par Jean Douat, notaire de Saint-Antoine de Pont-de-Rats, dans lequel il tranche la question. Il fait certains légats à Catherine de Lescout, sa fille, mariée avec noble Bernard de Gaudin; autres légats à Clarete et à Doucete, ses filles, payables lorsqu'elles seront d'âge d'être mariées ; lègue à noble Louise de Malvin, sa femme, la somme de 300 liv. tournoises ; institue pour son héritier universel noble Jean de Lescout, son fils ; et nomme pour ses exécuteurs testamentaires noble Bernard de Lescout, seigneur de Peine, et autre Bernard de Lescout, chanoine du chapitre de la Romieu, qu'il qualifie de ses frères. Il est prouvé par ce testament que Jean de Lescout était frère de Bernard, chanoine du chapitre de la Romieu, et d'autre Bernard, seigneur de Peine : il a été prouvé que ces deux Bernard étaient fils de Guillem d'Aux, patron lai dudit chapitre, et seigneur de Lescout, et qu'ils étaient frères de Jean d'Aux III du nom ; d'où il s'ensuit nécessairement que Jean d'Aux III du nom, Jean de Lescout, seigneur de Romegas et de Mansonville, Bernard de Lescout, chanoine du chapitre de la Romieu, et autre Bernard, seigneur de Peine, étaient quatre frères, tous fils de Guillem d'Aux et de Catherine de Marrens. *Ibidem.*

Jean de Lescout rendit son hommage et dénombrement au seigneur comte d'Armagnac, pour les places et seigneuries de Romegas et de Mansonville, le 25 juillet 1498, devant Brugnerys, notaire. Preuves de Malte.

On a vu par le testament de Jean de Lescout que de son mariage avec Louise de Malvin, vinrent,

1.° . . . Jean qui suit.

2.° . . . Catherine de Lescout, mariée avec noble Bernard de Gaudin.

3.° . . . Clarete.

4.° . . . Doucete.

X.

Jean de Lescout II du nom, seigneur de Romegas et de Mansonville, fils de Jean de Lescout et de Louise de Malvin, institué héritier au testament de son père, obtint son consentement au mariage qu'il contracta le 21 janvier 1519, devant Jean Douat, notaire de Saint-Antoine de Pons-de-Rats, avec Beraude de Beauville, assistée de noble homme Jean de Beauville, seigneur de Massanes en Agenois. Archives de Rouquetes.

De ce mariage vinrent,

1.° . . . Bernard qui suit.

2.° . . . Mathurin de Lescout surnommé Romegas, qui, après avoir justifié de sa noblesse, fut reçu chevalier de l'ordre de Saint-Jean de Jérusalem le 16 décembre 1547, et fut profès le 20 du même mois. Mathurin et Hercule de Lescout, ses deux neveux, justifièrent dans les suites, pour être reçus che- Preuves de Malte. Grand Prieuré de Toulouse. Cabinet des Ordres du Roi.

Vertot, hist. de Malte. J. Baudouin, hist. de S. J. de J.

valiers du même ordre, que Mathurin de Lescout, surnommé Romegas, leur oncle, était fils de Jean de Lescout, seigneur de Romegas, et de Beraude de Beauville, et qu'il était frère de Bernard, leur père; les preuves venues de Malte en font foi, ainsi que celles qui sont consignées au cabinet des ordres du roi. Romegas passa presque toute sa vie au service de la religion, et devint très-fameux dans le commandement de ses escadres. Il fut un des puissans défenseurs de Malte assiégée par les Turcs; et après leur retraite, il vola au secours de sa patrie déchirée par les guerres sanglantes des Huguenots. Il fut grand prieur de Toulouse et d'Irlande; et en 1575 il fut fait général des galères de la religion. Il fut nommé par le conseil de Malte lieutenant du magistère, et en fit les fonctions jusqu'à sa mort. Nous avons fait un mémoire particulier de sa vie, auquel nous renvoyons le lecteur.

X I.

Cabinet des Ordres du Roi.

Bernard de Lescout, écuyer, seigneur de Romegas et de Mansonville, est justifié fils de Jean de Lescout et de Beraude de Beauville, et frère du commandeur de Romegas, par les preuves qui furent produites devant les commissaires de l'ordre de Malte, pour l'admission de Mathurin II du nom, et d'Hercule de Lescout, ses deux fils. Il servait dans la compagnie de cinquante lances des ordonnances du roi, sous la charge et conduite de M. le baron de Terride, leur capitaine; il fut présent à la montre qui en fut faite au camp, devant Laprade, près de Bordeaux, le 19 octobre 1548. Il servit aussi dans la compagnie des cent lances des ordonnances du roi, commandée par le roi de Navarre, et fut présent à la montre qui en fut faite à Condom, le 5 septembre 1559. Bernard de Lescout fut institué héritier au testament de Jean de Lescout, surnommé le capitaine Mirane, seigneur de Cahusac. Ce testament demeura sans effet; c'était un acte de prudence du testateur, qui, avant de partir pour l'armée, voulut disposer de ses biens, le 8 mai 1557, devant Cortic, notaire.

Archives du Luç.

Preuves de Malte. Cabinet des Ordres du Roi.

Bernard de Lescout fut marié, 1.° avec Françoise de Cobirac, fille de noble Merigon de Cobirac et de noble Jeanne Delas des Palais; et 2.° avec Anne de Bazordan, fille de noble Jean de Bazordan, seigneur de Cuq, et d'Antoinette de Bearn du Saumont, laquelle était fille de noble Blaise de Bearn et d'Hélène d'Albret.

Du premier mariage vinrent,

1.° . . . Antoine qui suit.

Ibidem.

2.° . . . Mathurin de Lescout II du nom, qui fut reçu chevalier de l'ordre de Saint-Jean de Jérusalem, après avoir fait ses preuves, le 12 août 1566, devant Jean-François de Gozon, bailli de Manosque et commandeur d'Argenteois, et devant frère Etienne d'Arzac dit du Causse, commandeur de Golfech, commissaires nommés par le chapitre provincial, présidé à Fronton par Pierre de Baulat, grand prieur de Toulouse.

3.° . . . Renaud de Lescout reçu chevalier de l'ordre de Saint-Jean de Jérusalem le 24 décembre 1577. *Ibidem.*

Et du second mariage vint,

Hercule de Lescout qui fut reçu chevalier de l'ordre de Saint-Jean de Jérusalem, après avoir fait ses preuves, le 25 septembre 1609, devant frère Joseph de Panisses Montfaucon, commandeur de Château-Sarrasin et la Ville-Dieu, et devant frère Berard Crucy de Marcillac, chevaliers dudit ordre, commissaires nommés par le chapitre provincial tenu et célébré au grand prieuré de Saint-Jean de Toulouse. Il justifia que Mathurin de Lescout, surnommé Romegas, grand prieur de Toulouse, fils de Jean de Lescout et de Beraude de Beauville, était son oncle, et frère de Bernard, son père. *Ibidem.*

Nota. Quoiqu'il se soit écoulé un laps de temps assez considérable entre les réceptions dans l'ordre de Malte de Mathurin II et d'Hercule, il est certain qu'ils sont frères; les preuves venues de Malte et celles qui sont déposées au cabinet des ordres du roi n'y laissent pas le moindre doute.

XII.

Antoine de Lescout, écuyer, seigneur de Romegas et de Mansonville, fils de Bernard de Lescout et de Françoise de Cobirac, était homme d'armes de la compagnie des trente lances des ordonnances du roi, sous la charge et conduite de M. Fabien de Montluc, seigneur de Montesquieu, et successivement sous celle de M. Jean de Montluc, chevalier de Malte. Antoine de Lescout fut présent aux montres qui furent faites de ladite compagnie, 1.° à Samatan en Comminges, en 1572; 2.° au village d'Angolyn près de la Rochelle, où était le camp du roi, le 9 avril 1573; 3.° à Gontaut en Agenois, le 21 mai 1575; 4.° à Valence d'Agenois, le 30 août 1575; 5.° à la Plume, le 20 mars 1576. Cabinet des Ordres du Roi.

Antoine de Lescout contracta mariage, le 21 septembre 1579, avec noble damoiselle Françoise de Bonas, fille du seigneur de Bonas. Archives du Sourdet.

De ce mariage vint,

Germaine de Lescout qui fut mariée, par contrat du 23 février 1620, reçu par Dumar, notaire, avec noble Jean Dugont, seigneur de Claris. Elle fit son testament, qui fut reçu le 19 mars 1653 par Lafargue, notaire. Généalogie de la maison de Goth ou Dugont.

On ignore si Antoine de Lescout eut postérité masculine; mais il est certain que cette branche est éteinte. Elle portait les mêmes armes que la branche aînée.

SEPTIÈME BRANCHE

DES SEIGNEURS DU BOURNAY ET DE POUSIEUX.

V.

Étienne d'Aux, écuyer, seigneur du Bournay et de Pousieux, viguier de Poitiers, second fils d'Arnaud d'Aux, premier patron lai de l'église collégiale Archives de Rouquetet.

Saint-Pierre de la Romieu, seigneur de ladite église, du Montpelier et du Bournay, viguier de Poitiers, et de Jeanne du Bournay, succéda à tous les droits de son père et de sa mère dans le Poitou, aux terres du Bournay et de Pousieux; et fut chargé sur sa part d'hérédité de payer les dots de Jeanne et Philippe, ses sœurs; en sorte que l'hérédité paternelle, située dans la Gascogne, demeurât franche à Pierre d'Aux, second patron lai du chapitre de la Romieu, frère d'Etienne, et aux enfans dudit Pierre. Etienne d'Aux vint à partage avec Jeanne, sa sœur, en 1389. Il avait déjà fait échange, le 5 mars 1380, devant Baudet, notaire de la vicomté de Poitou, de quelque pièce de terre avec Bertraud Archambaut; et le 18 mai 1414, il rendit son aveu et prestation de foi et hommage à noble homme Hugues de Lezay, seigneur de Monthoiron, pour la terre du Bournay tenue par Etienne d'Aux, avec toute justice et juridiction haute, moyenne et basse, sa cour, connaissance et obéissance de ses hommes sujets, avec les hommages liges et pleins. Cet acte fut passé devant Neveu, notaire.

Cabinet des Ordres du Roi.

Trésor du marquisat de Lagroix.
Trésor de la Hybeaudiere.

Le pénultième du mois d'Août 1416, Etienne, en sa qualité de seigneur du Bournay, reçut devant Neveu, notaire, l'aveu de Jean Renaudeaut, paroissien de Saint-Hylaire des Monts, qui avoue et confesse tenir du Châtel et terre du Bournay, à foi et hommage plein, au devoir d'un cheval de service, du prix de cent sols, etc., et prix de rachat, selon la coutume du pays et vicomté de Chatellerault, etc.

Ibidem.

Etienne d'Aux reçut, devant le même notaire, le 26 septembre 1416, l'aveu de Jean Martin pour les mêmes objets qu'il reconnait avoir été dénombrés en 1344 par Guion Martin à Arnaud d'Aux, père d'Etienne. Celui-ci transigea pour d'autres objets devant Neveu le 20 mars 1417.

Cabinet des Ordres du Roi.

Il fut marié avec Marguerite de Ligny, dont

1.° . . . Jousselain qui suit.

Ibidem.

2.° . . . Jean d'Aux, archier de la compagnie d'Eyson des ordonnances du roi, qui fut présent à la montre qui en fut faite le 29 décembre 1439. On ignore le nom de sa femme : il fut père, 1.° de Jeanne d'Aux qui épousa Pierre Mesnard; 2.° de Catherine d'Aux qui fut mariée avec Robert de la Phelle; 3.° de Marie; 4.° de Jeannete.

V I.

Trésor du marquisat de Lagroix,
Et trésor de la Hybeaudiere.

Jousselain d'Aux, écuyer, seigneur du Bournay et de Pousieux, viguier de Poitiers, fils d'Etienne d'Aux et de Marguerite de Ligny, reçut, le 15 janvier 1425, l'aveu de Jean Renaudeaut, paroissien de Saint-Hylaire des Monts, pour les mêmes objets, et aux mêmes charges contenues dans celui qu'il confesse avoir rendu en 1416 à Etienne d'Aux, père dudit seigneur.

Jousselain rendit son aveu, dont nous donnerons l'extrait pour faire connaître les droits de la viguerie de Poitiers.

Aveu de Jousselain d'Aux, écuyer, du 7 janvier 1427, rendu à monseigneur le comte d'Harcour et d'Aumale, vicomte de Chatelleraut.

Trésor de Chatellerault, liv. noir, fol. 109.

Premièrement les droits sur l'évêque de Poitiers à mutation et nouvelle venue d'évêque; savoir, la chaire avec le parement de douze aunes de drap de soie et oreiller étant sur icelle, toutes les fois que ledit évêque fait la fête et nouvelle venue.

Secondement le droit de viguerie dû aux quatre portes de Poitiers; savoir, pour chaque pipe vendue en détail dans la ville pour ceux qui ne seront pas de leur domaine, ... 1 denier.

Item. Pour chaque bête chevaline qui portera sel, ... 1 denier.

Item. Pour chaque bête asine portant sel, ... obole.

Item. Pour chacune charrette de poterie, ... 4 deniers.

Item. Pour chaque bête chargée de poterie, ... 1 denier.

Item. Pour chacune charge de cuir de Limans, ... 4 deniers.

Item. Pour chaque gibe de draps amenés en charretées pour les foires du dehors, ... 2 sols.

Item. Pour chacun fardel corde, ... 4 deniers.

Item. Pour chacune somme de harengs noirs, ... 1 denier.

Item. Pour chacune d'harengs secs, amenés en pipe ou caque, . . 1 denier.

Item. Pour chacune bête chargée de laine, ... 1 denier.

Item. Pour chaque bête chargée de vin, passant la ville, . . . 1 denier.

Item. Pour chacune somme d'oignon ou d'ail, ... 1 denier.

Item. Pour chacune somme de fruitage, ... 1 denier.

Item. Pour chaque bête chargée de blé, pour mener hors la châtellenie de Poitiers, ... 1 denier.

Et pour chaque bête asine, ... obole.

Item. Pour chacune charretée de graine d'écarlate vendue en ladite ville, ... 9 deniers.

Item. Pour chacun millier de cercles ou charretée que l'on passe hors ladite ville, ... 1 denier.

Et quand on vend plus d'un cent en ladite ville, ... obole.

Item. Pour chacune charretée d'ail et d'oignons, ... 1 denier.

Et pour chacune charretée d'harengs, ... 9 deniers.

Item. Pour chacune charretée de Basane, ... 2 deniers.

Pour trousseau, ... 1 denier.

Item. Pour chacun muid de sel vendu en charretée. . . . . . . 1 denier.

Item. Pour chacune cloche passant ou vendue dans la ville, . . 1 denier.

Item. Pour un tonnel ou pipe de vin ou muid, vendu en charretée en ville, ... 4 deniers.

Item. Pour chacune écorce de bois qui tournera et amenusera dans ladite ville, ou un chef de son œuvre, ... 2 deniers.

Item. Pour chacun collier portant à col mercerie ou autres denrées passant par la ville, ... obole.

Item. Pour chacune cornière de lit mise hors de la ville, et menée hors la châtellenie, vendue ou non, ... 4 deniers.

Et chacune cornière de coussin, ... 2 deniers.

Ibidem.

Cet aveu, qui est signé de J. Bodin, de J. Ronceau, de J. Morry, notaires, fut reçu le 17 avril 1428 : *signé* Saint-Paluau.

Jousselain d'Aux fut marié avec noble Jeanne de Jussac ; ce qui est justifié par l'aveu que ladite Jeanne de Jussac, veuve de Jousselain d'Aux, en qualité de mère tutrice et administreresse des biens de Pierre d'Aux, son fils, rendit le 9 juillet 1431, *signé* Neveu, pour les mêmes objets que feu son mari avait ci-devant dénombrés en 1427.

Ibidem.

Du mariage de Jousselain d'Aux et de Jeanne de Jussac vint Pierre qui suit.

VII.

Pierre d'Aux, écuyer, seigneur du Bournay et de Pousieux, maître d'hôtel du roi, fils de Jousselain d'Aux et de Jeanne de Jussac, rendit son aveu au duché de Chatellerault le 10 juillet 1443, à raison de ses droits sur M. l'évêque de Poitiers, à sa première entrée, et des droits et devoirs qui dépendent de ses fiefs du Bournay et de Pousieux, tenus par Pierre d'Aux à haute, moyenne et basse justice : *signé* Neveu. Il en rendit encore deux pour les mêmes objets ; l'un le 26 juillet 1446, *signé* Pattarin ; et l'autre le 16 août 1473, *signé* Champanille.

Ibidem.
Inventaire des titres, gros vol., fol. 64.

Ibidem.

Pierre d'Aux contracta mariage, par acte du 19 juin 1444, passé devant Dorin et Neveu, notaires de Chatellerault, avec Jacquette de Lezay, damoiselle de l'illustre maison de Lusignan, fille aînée de messire Hugues de Lezay, écuyer, seigneur de Monthoiron en la vicomté de Chatellerault ; et comme Jacquette, en qualité d'héritière de sondit père, avait eu pour son apanage grande partie de la terre de Monthoiron, elle en fit vente, de l'aveu et autorité de son mari, à noble homme Bertholomé, marquis, neveu de noble homme Gabriel de Bernay, seigneur de Targé, par acte du 6 décembre 1447, passé devant Neveu, notaire, lequel reçut un acte d'achat, le 2 janvier 1459, concernant quelque acquêt de domaine fait par Pierre d'Aux dans la paroisse de Senillé.

Archives de la Hybeaudiere.

Trésor du marquisat de Lagroix.

Pierre d'Aux fut fait maître d'hôtel du roi par commission du 20 octobre 1470, scellée et signée par le roi, le marquis Dupont, le sénéchal de Toulouse. Il eut, en 1480, la conduite du ban et arrière-ban par commission signée, Jacques de Bramont, seigneur de Buzay.

Archives de la Hybeaudiere.

Le jour de Noël de l'an 1489, Pierre d'Aux fit son testament devant Chesneau et Vignaut, notaires de Chatellerault, dans lequel il institue pour son héritier

Ibidem.

principal Jean d'Aux, son fils aîné, et nomme, comme ci-après, tous ses enfans provenus de son mariage avec Jacquette de Lezay.

1.° . . . . Jean qui suit.

2.° . . . Pierre d'Aux, chevalier, conseiller et chambellan du roi, bailli de la Montagne, seigneur de Thieux et de Lye, châtelain d'Agnai-le-Duc, qui fut diversement employé au service du roi, et s'acquitta honorablement de tous les emplois dont il fut revêtu. Le 1.er juillet 1482, il fut présent à Caraest en Bretagne à la montre qui fut faite devant M. de la Rollière de la compagnie de la Tremoille, de laquelle il était lieutenant; elle était composée de cinquante hommes d'armes, et cent archiers, faisant cent cinquante lances de l'ordonnance du roi. On voit par les comptes du sieur Riboteau, receveur général des finances de Bourgogne, du 17 décembre 1487, que Pierre d'Aux était capitaine à cette époque. Il fut chargé par le roi de veiller avec sa compagnie à la garde et défense du château de Fougères, où il fit montre de sa compagnie, le 17 juin 1489, devant M. Florentin Thoreau, chevalier, seigneur de Molitart, et maître d'hôtel du roi. On trouve dans le cabinet de M. de Gaignières, à la bibliothèque du roi, quatre autres montres de sa compagnie; celle du 30 octobre 1489, celle du 20 décembre 1490, celle du 24 avril 1491, et celle du 18 juillet 1491; et au cabinet des ordres du roi, deux quittances de la solde de sa compagnie, passées devant Jean Archet l'aîné et Jean Archet le jeune, notaires de Fougères, en faveur de M. Lyonet de Saint-Martin, l'une du 26 décembre 1490, et l'autre du 19 juillet 1491.

Cabinet des Ordres du Roi.

Ibidem.

Ibidem.

Bibliothèque du Roi.

Cabinet des Ordres du Roi.

Pierre d'Aux eut commission du roi Charles VIII pour se rendre, le 5 juillet 1491, à Massac en Bretagne, pour y passer la montre de deux cents quatre-vingt-cinq hommes de guerre de la nation des anciennes ligues des Hautes-Allemagnes, appelés Suisses, qui étaient en l'Ost et armée du roi, sous la charge et conduite d'Henri Brintor, leur capitaine; et le 12 du même mois, il reçut aussi à montre deux cents-trois hommes sous la charge et conduite du sieur de Saint-Marcey, leur capitaine. Le roi, pour lui témoigner sa satisfaction de ses services, lui fit expédier une ordonnance dont suit la teneur.

Ibidem.

Ibidem.

Charles, par la grâce de Dieu, roi de France, à nos amés et féaux les généraux sur le fait de nos finances, salut; nous voulons que par notre amé et féal conseiller et trésorier de nos guerres, Jehan le Gendre et commis au payement de nos gens de guerre à pied Suisses, vous faites payer à notre amé et féal conseiller et chambellan Pierre d'Aux, chevalier, seigneur de Thieux, 500 liv. que nous lui donnons par ces présentes, en faveur des bons services qu'il nous a faits en notre armée de Bretagne, et pour le récompenser des dépenses qu'il a faites en icelle, outre les gages, dons, pensions et bienfaits qu'il a et pourra avoir de nous. Donné aux Moutils-les-Tours, le 16 décembre 1491, signé Charles; et plus bas par le roi, les sires de Myolans et de Grimault; les gens de finance et autres présens, Boyer ainsi signé.

Bibliothèque du Roi, au cabinet de M. Lacour.

Pierre d'Aux commandait la compagnie de M. de la Tremoille à son expédition de Naples; il suivit ce fameux général dans le Milanais, et il y termina sa carrière. Il mourut à Piole après avoir fait son testament en présence du procureur du roi et autres. Cet acte fut scellé le 21 mai 1504. Ses volontés concernant la disposition de ses biens furent confirmées par l'attestation donnée à Poitiers, le 18 août 1507, devant Parnié et Davignaud, notaires royaux, par noble Jean Chauvin, écuyer, sieur de Corbon, âgé de trente ans, qui affirma par serment qu'il fut serviteur de messire Pierre d'Aux, chevalier, lieutenant en son vivant de M. de la Tremoille, pendant l'espace de quinze ans ou environ, et jusqu'à son décès en la ville de Piole, au duché de Milan, et que ledit Pierre d'Aux, avant et pendant la maladie qui termina ses jours, déclara à diverses reprises devant monseigneur le bailli de Dijon, devant le capitaine Mauvaisin et autres, qu'il voulait et entendait que René d'Aux, fils aîné de Jean d'Aux, son frère, et d'Anne Guerin, fut son unique héritier. Pierre d'Aux fut marié avec Jeanne de Berard, damoiselle, de laquelle il n'eut point d'enfans.

Archives de la Hybeaudiere.

Cabinet des Ordres du Roi.

3.° . . . . Louis d'Aux, premier écuyer de monseigneur le dauphin par commission du 7 mai 1472, signée, par le roi, TILHARD. Il était aussi premier varlet tranchant : il fut fait bailli d'Evreux par brevet du 23 février 1495, signé par le roi, à ce présens sieurs René DE COSSÉ, premier panetier, et ROBERTET. Il fut reçu le 15 mars suivant. . . Il fit son testament le 7 octobre 1502 . . . . et institua pour ses héritiers René et Bertrand d'Aux, ses neveux, fils de Jean, son frère. Il mourut en 1511.

Ibidem.
Archives de la Hybeaudiere.
Histoire de la milice franç. par le P. Daniel, Jésuite.

Archives de la Hybeaudiere.

. . . . Jeanne d'Aux mariée en 1480 avec noble homme Jean Mailloche, fils de Gilber, sieur de Jennailloche.

Cabinet des Ordres du Roi.

5.° . . . . Marie d'Aux mariée avec Mathurin Guerin, écuyer, sieur de Latour.

Ibidem.

6.° . . . . Françoise d'Aux mariée avec N. de Boisioux.

Ibidem.

7.° . . . . Antoinette d'Aux mariée avec noble Louis de Vaucelles, sieur de la Litière.

Ibidem.

8.° . . . . Marguerite d'Aux mariée avec noble N. de Lagarde, sieur de Malherbe.

Ibidem.

VIII.

JEAN D'AUX, chevalier, échanson du roi, maître d'hôtel de la reine Marguerite d'Autriche, femme du roi Charles VIII, grenetier de Beziers, seigneur du Bournay, de Pousieux, de Villaray et de la Malletière, fils de Pierre d'Aux et de Jacquette de Lezay, institué héritier au testament de son père, et nommé dans celui de ses frères, donna sa quittance, le 12 avril 1475, devant Jean Richier, notaire et secrétaire du roi, dans laquelle il confesse avoir reçu de Me Antoine Bayart, trésorier général des finances du Languedoc, la somme de

Ibidem.

Ibidem.
Et à la Bibliothèque du Roi, Cabinet de M. Lacour.

de 500 livres tournoises, pour la pension commencée le 1.er d'octobre dernier. Il en donna encore une autre devant le même notaire, le 26 mai de l'année suivante, au même Antoine Bayart, de la somme de 500 liv., que le roi lui a données, outre sa pension et autres bienfaits, à prendre sur ce qui reste des 13,200 liv. que ledit seigneur avait ordonné audit trésorier bailler pour le recouvrement de Lyrie et de Prats, pour le récompenser des dépenses par lui soutenues en certains voyages faits par son ordre et pour ses affaires.

Ibidem.

Jean d'Aux fut un des assistans au contrat de mariage de Guillaume, seigneur de Vergy, avec Anne de la Rochechouart, fille de feu Pierre de Rochechouart et de Marguerite d'Amboise : cet acte fut passé au château de Bressuire le 5 mars 1580. Il assista aussi au mariage de messire Jacques Turpin avec damoiselle Louise de Blanchefort, du 20 mars 1490 : il était alors maître d'hôtel de la reine.

Ibidem.
Histoire de la maison de Vergy, par Duchene.

Cabinet des Ordres du Roi.

Jean d'Aux s'allia, par contrat du 10 avril 1481, passé devant Berthoulart et Champanille, notaires, avec Anne Guerin, damoiselle, fille de noble personne Olivier Guerin, seigneur du Collombier, maître d'hôtel du roi et chambellan de monseigneur le dauphin, et de damoiselle Marguerite de la Grange, native du ressort d'Issoudun en Berri. Dans son contrat de mariage, Jean d'Aux prend le titre d'échanson du roi; et le 19 septembre 1483 il fut fait maître d'hôtel de la reine par lettres signées par la reine : il se trouve compris dans le rôle des payemens pour ses gages de l'année 1485.

Archives de la Hybeaudiere.

Ibidem.

Cabinet des Ordres du Roi.

Anne Guerin, veuve de noble homme Jean d'Aux, seigneur du Bournay et de Pousieux, en qualité de mère tutrice et administreresse du bien de ses enfans, rendit son aveu à Châtellerault à raison de ses droits sur M. l'évêque de Poitiers à sa première entrée, et pour les droits et devoirs qui dépendent des fiefs du Bournay et de Pousieux, qu'elle tient à haute, moyenne et basse justice, par acte du 29 avril 1493, signé Laurent. Ledit aveu fut reçu le 4 mai suivant, dont acte, signé Lefuselier.

Trésor du duché de Chatellerault.

Du mariage de Jean d'Aux et d'Anne Guerin vinrent,

1.° . . . René qui suit.

2.° . . . Bertrand d'Aux appelé à la succession de Louis, son oncle : il eut pour sa part les fiefs de Chandenay, de Boisnégard et de la Chedesière; et du chef de son père, la terre de Villaray, qu'il obtint par le partage du 20 juin 1516 ci-après mentionné. Bertrand d'Aux était homme d'armes de la compagnie de monseigneur le duc d'Albanie : il fut présent à la montre qui en fut faite à Migaro le 13 septembre 1512.

Archives de la Hybeaudiere.

Cabinet des Ordres du Roi.

3.° . . . François d'Aux qui fut abbé de Sainte-Croix de Bordeaux depuis 1517 jusqu'en 1553 : il mourut dans cette abbaye, et fut enterré près de la chapelle de Saint-Sebastien, avec cette inscription.

Gallia Christ. 2a., tom. 2, pag. 885, B. Eccl. Burdigal.
Regist. des Audiences du Châtelet.

Hoc sub marmore d'Auxius sepultus
Ignotus populo jacet profano,

Castus moribus, integro pudore,
Velox ingenio fideque felix :
Qui stes talia, nihil fleas viator.
Vir nobilis Franciscus d'Aux hujus incliti monasterii, quondàm abbas,
Sub hoc marmore jacet, qui in Domino obiit 16 august. 1533.

4.° . . . . Bernard d'Aux, sieur de Chandenay et de Villaray.

I X.

René d'Aux I.er du nom, écuyer, seigneur du Bournay, de Pousieux, de Villaray et de la Malletière, fils de Jean d'Aux et d'Anne Guerin, contracta mariage en 1514 avec Marie de Saint-Martin, fille de noble Blaise de Saint-Martin, écuyer, sieur de Charantenay. Cet acte est mentionné dans la maintenue de noblesse du 11 juin 1635, signée de Brágellone, commissaire, et dans celle du 12 août 1667, signée Barentin, commissaire député par sa majesté pour la recherche de la noblesse du Poitou, et dans les preuves produites le 20 janvier 1546 devant les commissaires de l'ordre de Malte pour l'admission de Louis d'Aux, son fils, et de Marie de Saint-Martin.

Archives de la Hybeaudiere.

Le 20 juin 1516 il fut passé devant Chastenay et Dupont, notaires de Chatellerault, un acte de partage entre René et Bertrand d'Aux, frères, à raison des successions de feu Jean d'Aux, écuyer, seigneur du Bournay, de Pousieux, de Villaray et de la Malletière, leur père; et celles de messires Pierre et Louis d'Aux, chevaliers, leurs oncles paternels, soufs les domaines possédés à titre de douaire par Anne Guerin, leur mère.

Ibidem.

Le 19 juillet 1515 Jacques d'Aloigny, chevalier, rendit son aveu pour son hôtel et hébergement ancien et appartenances d'Ingrande à René d'Aux, seigneur du Bournay et de Pousieux. Signé Philippe et Senione, notaires. Cet aveu fut reçu le 19 du même mois devant Guillaud et Chesneau, notaires.

Trésor de Chatellerault.

René d'Aux donna sa procuration, le 1.er février de l'année 1538, devant Jean et Moisand, notaires, afin de faire foi et hommage au roi à raison de ses droits sur M. l'évêque de Poitiers à sa première entrée, et pour les droits et devoirs qui dépendent de ses fiefs du Bournay et de Pousieux, qu'il tenait à haute, moyenne et basse justice; et le 10 mars de l'année suivante, il en donna lui-même le dénombrement devant M. le sénéchal du Poitou : il en donna encore un pareil, le 6 octobre 1541, signé de lui et scellé du sceau de ses armes, devant M. le sénéchal de Chatellerault, à ce autorisé par lettres patentes du 10 mars de la même année, dans lequel René d'Aux dénombre l'hôtel noble du Bournay, fuies, garennes, etc., avec tous droits de justice et juridiction haute, moyenne et basse, qu'il tient du seigneur Châtelain de Monthoiron, au prix d'un éperon du prix de cinq sous, et hommage lige au roi, à cause de son duché de Chatellerault et rachat pour la seigneurie de Pousieux, sise en St-Martin de Coussay, les bois de Saint-Sauveur du Bournay, ect. De plus, ledit René

Ibidem.
Et dans l'extrait, fol. 64.

Trésor du marquisat de Lagroix.

déclare les charges qui s'ensuivent sur ses revenus : 1.° la dépense pour sa maison, pour vivre selon son état et condition avec sa femme et dix enfans, dont il en tient quatre avec leurs maîtres aux études à Poitiers, qui lui coûtent grande somme de deniers, et deux qui sont des ordonnances du roi, ayant chacun cinq chevaux et huit serviteurs qui lui coûtent tous les ans, outre les gages du roi, tant en chevaux qu'habillemens pour eux et leurs serviteurs, grande somme de deniers; et en outre, etc.

Marie de Saint-Martin, après la mort de son mari, alla fixer son séjour à la Malletière, paroisse de Saint-Denis en-Vau, du ressort de Chatellerault. Ce fut dans cette nouvelle résidence qu'elle fit la répartition de ses biens à ses enfans, par une donation du 5 juin 1549, passée devant P. Mornet et O. Massonneau, notaires de Chatellerault, dans laquelle tous ses enfans sont nommés au nombre de dix mâles, provenus de son mariage avec René d'Aux, auxquels elle donne la somme de 100 liv. de rente à perpétuité, à prendre sur les fiefs et seigneurie de Pousieux et autres domaines et héritages qui lui ont été cédés par François d'Aux, seigneur du Bournay, son fils aîné, pour tenir lieu des domaines et acquêts et tierce-partie du patrimoine à elle donné et transporté à perpétuité par René d'Aux, son feu mari; voulant ladite dame que la rente de ceux qui décéderaient sans postérité revînt au profit de tous les autres; et comme Olivier et Louis d'Aux, ses enfans et dudit René, étaient chevaliers de Malte, elle veut qu'ils jouissent comme les autres de ladite rente jusqu'à ce qu'ils soient pourvus de commanderies. Archives de la Hybeaudiere, Et registres de Jalabert, notaire à Nantes.

Telle est l'énumération des enfans de René d'Aux et de Marie de Saint-Martin contenue dans ladite donation.

1.° . . . François qui suit.

2.° . . . Jacques d'Aux, seigneur de Villaray, dont la postérité sera rapportée après celle de son aîné. Auteur des seigneurs de Villaray.

3.° . . . . René d'Aux, seigneur de la Fuie et de la Simonière, qui servait dans la compagnie des cinquante lances des ordonnances du roi, sous la charge et conduite de messire Charles Everlin, seigneur de la Roque : il fut présent à la montre qui fut faite de ladite compagnie à Mouson le 3 août 1553. Il se maria en 1561 avec damoiselle Renée de Sainton, de laquelle il eut René d'Aux, qui s'allia avec Renée Hebert, dont Denise et Pierre d'Aux, morts sans postérité. Cabinet des Ordres du Roi.

4.° . . . Philippe d'Aux qui servait dans la compagnie d'Everlin, et fut présent avec René, son frère, à la montre déjà citée du 3 août 1553. Il passa dans la compagnie des cent lances des ordonnances du roi, sous la charge et conduite de monseigneur le prince de Condé; il était homme d'armes de cette compagnie, et fut présent aux montres qui en furent faites à Peronne le 5 octobre 1565 et le 2 juin 1567 : il faisait sa demeure à Villaray. *Ibidem.*

*

5.° . . . . Hercule d'Aux.

Ibidem. 6.° . . . Charles d'Aux qui épousa en 1561 Bertrande de la Bussière, de laquelle il eut quatre enfans : 1.° Esther, 2.° Pierre, 3.° René, 4.° Paul. Comme il n'existe plus de postérité de ces trois enfans mâles, nous ferons un détail succinct de celle qu'ils ont eu dans le temps.

Ibidem. Esther épousa Pierre du Chasteau, écuyer.

Ibidem. Pierre d'Aux, seigneur de la Rabaudrie, fut marié avec Magdelaine de la Barre, de laquelle il eut, 1.° Charles d'Aux, seigneur de la Pailleterie, maître d'hôtel du roi, lequel épousa en 1620 Jeanne de Faye; 2.° Rachel qui résta demoiselle; 3.° Jacques d'Aux qui fut marié avec Catherine de la Bussière.

Ibidem. Le troisième enfant de Charles d'Aux et de Bertrande de la Bussière fut René d'Aux, sieur de la Scavonnière et de la Fontaine, lequel fut père de Charles, sieur de la Fontaine, marié avec Marguerite de Couhé, mort sans postérité.

Ibidem. Le quatrième enfant de Charles d'Aux et de Bertrande de la Bussière fut Paul d'Aux, sieur de Pousieux, qui épousa Renée Lebeau, de laquelle il eut, 1.° Marguerite mariée avec Gentil de la Boutrille, et 2.° Renée.

7.° . . . Antoine d'Aux.

Ibidem. 8.° . . . Jean d'Aux surnommé du Bournay, qui servait dans la compagnie des ordonnances du roi de M. de Beaulmont Bresay : il fut présent à la montre qui en fut faite à Baulne en Bourgogne le 29 avril 1543, devant François Chamballan, sieur du Gué.

Archives de Malte. Registres de la Langue de France. Baudouin, hist. de S. J. de Jerus., chap. 11, pag. 528 et suiv. Vertot, hist. de Malte. 9.° . . . Olivier d'Aux surnommé du Bournay, qui, après avoir fait les preuves devant frères Antoine de Ranchalion, commandeur d'Anzon, et Jacques de Chateauchalon, commandeur de Beauconais, commissaires à ce préposés par le chapitre provincial tenu à Poitiers, fut reçu en 1540 chevalier de l'ordre de Saint-Jean de Jerusalem. Il fut pourvu dans les suites de la commanderie de Bourneuf au pays d'Aunis, et en 1566 de celle de l'hôpital d'Angiers. Il était au siége de Malte, et fut un des puissans défenseurs de la place. Il soutint les efforts redoublés des Turcs à l'éperon Saint-Michel, et les repoussa dans les divers assauts qu'ils donnèrent à ce fort, auquel ils s'étaient acharnés : Olivier, par sa valeur, conserva ce poste important.

Archives de Malte, des registres la Langue de France, Et archives de la Hybeaudiere. 10.° . . . Louis d'Aux qui fit ses preuves le 20 janvier 1546 devant frère Antoine de Ranchalion, chevalier de l'ordre de Saint-Jean de Jerusalem, commandeur d'Anzon, qui avait été précédemment commissaire pour celles d'Olivier d'Aux, et devant autre frère Antoine de Ranchalion, chevalier dudit ordre, neveu du précédent, commissaires nommés et députés par frère Jacques Pelloquin, grand prieur d'Aquitaine, et par tous les autres commandeurs et frères tenant le chapitre provincial à Poitiers.

Louis d'Aux fut reçu chevalier dudit ordre le 10 septembre de la même année.

X.

François d'Aux, écuyer, seigneur du Bournay et de Pousieux, fils de René d'Aux et de Marie de Saint-Martin, était homme d'armes de la compagnie de cinquante lances des ordonnances du roi, sous la charge et conduite de Charles Everlin, chevalier, sieur de Laroche-du-Maine : il fut présent à la montre qui en fut faite à Velly le 26 mai 1538. Cabinet des Ordres du Roi.

Nous avons vu que François d'Aux avait cédé à sa mère certains effets, sur lesquels elle établit la rente de 100 liv. pour ses fils cadets par la donation du 5 juin 1549. Il consentit un acte de partage avec René, Philippe et Charles, d'Aux, ses frères, agissant tant pour eux que pour Charles et Abel, leurs neveux, tous les deux fils mineurs de feu Jacques d'Aux, seigneur de Villaray, leur frère. Cet acte fut passé au Bournay, le 10 août 1563, devant G. Normant et Mathurés, notaires de Monthoiron. Trésor de Chatellerault. Archives de la Hybeaudiere.

François d'Aux fut marié, 1.° avec Claude d'Aloigny, fille de messire René d'Aloigny, sieur de Lagroix, et de dame Anne de Cravant. Il transigea avec René d'Aloigny, son beau-père, par acte du 23 décembre 1543. Le mariage de François est encore confirmé par les preuves produites à Malte pour la réception de Claude d'Aux, son fils. L'acte de ce mariage est mentionné dans la maintenue de noblesse du 11 juin 1635, et dans celle des commissaires du roi du 12 août 1667. François d'Aux contracta un second mariage avec damoiselle Renée de Rancié, par acte passé le 2 juin 1564 au château de Lachapelle-Barnon, devant de Templié et J. Gonisson, notaires royaux du pays de la Haute-Marche. *Ibidem.* *Ibidem.* *Ibidem.*

Du premier mariage vinrent,

1.° . . . René d'Aux qui servait dans la compagnie de cinquante lances des ordonnances du roi, sous la charge et conduite de messire Paul Chabot, sieur de Clervaux, leur capitaine. Il fut présent à la montre qui en fut faite à Paris le 15 novembre 1567 : René mourut sans être marié. Cabinet des Ordres du Roi.

2.° . . . . Claude d'Aux qui, après avoir fait ses preuves le 8 novembre 1566 devant frères François Leborry, commandeur de Moulin, et Philippe Bigot, commandeur de Loudun, chevaliers de l'ordre de Saint-Jean de Jerusalem, commissaires députés par les commandeurs et chevaliers tenant l'assemblée à Poitiers, par commandement du grand prieur d'Aquitaine, fut reçu chevalier dudit ordre le 19 mai 1568. Archives de Malte, des registres de la Langue de France. Archives de la Hybeaudiere.

3.° . . . . Marie d'Aux mariée avec Antoine de Brizac, écuyer, sieur de Casseaux. *Ibidem.*

4.° . . . . Jeanne d'Aux mariée avec Philippe de Perrat, écuyer, sieur de Pommiers. *Ibidem.*

5.° . . . . Françoise d'Aux mariée avec Pierre de Brizac, écuyer, sieur de la Curonardière. *Ibidem.*

Et du second mariage vint

. . . . René d'Aux qui suit.

X I.

René d'Aux II.e du nom, écuyer, seigneur du Bournay, de Pousieux et des Grandes-Loges, fils de François d'Aux et de Renée de Rancé, fit vente d'une partie de la terre de Villaray à Charles d'Aux, par acte du 20 août 1595. Il passa deux actes de partage avec ses sœurs, dûment assistées de leurs maris, à raison des droits qui devaient leur revenir sur la terre du Bournay et autres biens dépendans de la succession de François d'Aux, leur père; l'un du 30 janvier 1603, et l'autre du 5 février 1607, tous les deux reçus par Favreau et Baudy, notaires de Monthoiron.

Ibidem.

Ibidem.

René d'Aux s'allia, par contrat passé le 29 décembre 1610 devant Lavau et Cuirblanc, notaires, avec Isabet de Vigier, fille de Mathurin de Vigier, écuyer, sieur de Laboultière-Châlon, et de damoiselle Antoinette d'Aloigny.

Ibidem.

La conduite de René d'Aux fut déplorable; ses pères lui avaient transmis une fortune honnête, des terres qu'ils avaient su conserver dans les temps les plus difficiles, et que sa dissipation fit passer dans des mains étrangères. Nous traçons à regret les derniers actes de sa vie : ils nous présentent le tableau du plus affreux dérangement; les ventes de ses terres, dont l'émigration de sa postérité fut une suite nécessaire. Il fut dépouillé de sa seigneurie des Grandes-Loges par décret des 10 et 20 février 1631, au profit de Jean Turquan, maître des requêtes, seigneur d'Obterre : ce décret fut suivi de près de celui de la terre du Bournay, du 3 mars 1632, signé FAULCON, notaire; FAULCON, greffier. C'est ainsi que la maison d'Aux perdit cette terre, qu'elle avait possédée pendant plus de trois siècles : c'est aujourd'hui M. le marquis de Lagroix qui en est le possesseur.

Ibidem.

Ibidem. Et aux archives du marquisat de Lagroix.

René d'Aux eut de son mariage,

. . . . Charles d'Aux qui suit.

X I I.

Charles d'Aux, écuyer, seigneur de la Rabaudrie et de Rigions, un des cent gentilshommes du roi, fils de René d'Aux, seigneur du Bournay, et d'Isabet Vigier, contracta mariage avec Magdelaine Desmons, fille de Charles Desmons, écuyer, sieur de la Chaussalerie, et de damoiselle Prejente Richard, par acte du 5 février 1658, passé au lieu noble de la Rabaudrie, paroisse d'Archigny, devant Couturin et Chesneau, notaires de Chatellerault, dans lequel Charles d'Aux se dit fils de ses père et mère. Magdelaine Desmons fut sommée par René d'Aux, seigneur de la Droutière et de la Chaulme, pour qu'elle eût à représenter et confier tous les titres originaux, contrats de mariage, commissions, etc., dont elle était chargée, comme mère tutrice et garde-noble de la personne de Charles-François d'Aux, son fils et de feu Charles d'Aux, son mari, lequel les avait toujours eu en son pouvoir, comme aîné des branches du nom d'Aux en Poitou. Cet acte fut passé au lieu noble de la Rabaudrie le 24 octobre 1662, devant Maturés et Duvau, notaires royaux.

Archives de la Hybeaudiere.

Ibidem.

Du mariage de Charles d'Aux vint

. . . . Charles-François qui suit.

XIII.

CHARLES-FRANÇOIS D'AUX, écuyer, seigneur de la Rabaudrie, de Rigions et des fiefs du Haut et Bas-Verlé, fils de Charles d'Aux et de Magdelaine Desmons, fut marié avec Marie-Anne d'Avennes, veuve de messire Robert de Langlois, écuyer, seigneur de Charny : elle était fille de messire Louis d'Avennes, écuyer, seigneur de Loncicourt, Hermonville, Grand-Hamant, etc., et de damoiselle Magdelaine de Combray. L'acte de leur mariage fut passé à Tours sur Marne le 9 juin 1694, devant Rabajoye et Harlin, notaires du lieu. *Ibidem.*

De ce mariage vint

Marie-Françoise d'Aux, née le 4 mai 1695, et baptisée le même jour dans l'église paroissiale de Sainte-Marie de Tours, par Meme, curé; elle fut tenue sur les fonts par messire Charles Langlois, seigneur de Roqueteaux, et par Marie-Antoinette de Nicore. —— *Branche éteinte.* *Ibidem.*

HUITIÈME BRANCHE

Des Seigneurs de Villaray et de la Bourdilliere.

X.

JACQUES D'AUX, écuyer, seigneur de Villaray, second fils de René d'Aux I.er du nom, seigneur du Bournay, de Pousieux, de Villaray, de la Malletière, etc., et de damoiselle Marie de Saint-Martin, fut doté par sadite mère, avec ses autres frères cadets, de 100 liv. de rente, par la donation déjà citée du 5 juin 1549, passée à la Malletière devant Mornet et Massonneau, notaires de Chatellerault. Jacques avait déjà transigé avec François d'Aux, seigneur du Bournay, son frère aîné, qui lui avait cédé une partie de la terre de Villaray à partager avec Jean d'Aux; ce qui fut exécuté par le partage consenti entre ces deux frères le 4 octobre 1548. *Archives de la Hybeaudiere.* *Ibidem.*

Jacques d'Aux était homme d'armes de la compagnie de M. de Beaumont Bresay : il fut présent à la montre qui en fut faite à Beaulne en Bourgogne le 29 avril 1543. Il fut marié, 1.° avec damoiselle Marguerite de Puigirault, et 2.° avec damoiselle Susanne de Laporte, par acte passé le 11 décembre 1557 devant Girard et Brossard, notaires. *Cabinet des Ordres du Roi.* *Trésor du marquisat de Lagroix, Et archives de la Hybeaudiere.*

Le 10 août 1563 il fut passé au Bournay un contrat de partage noble entre François d'Aux, chevalier, aîné, seigneur du Bournay, et René, Philippe et Charles d'Aux, écuyers, ses frères; ledit René procédant au nom et comme curateur de Charles d'Aux, demeuré fils mineur dudit Jacques d'Aux, lui vivant, écuyer, seigneur de Villaray, et de Marguerite de Puigirault, ses père et mère; et lesdits François et Charles, eux faisant fort pour Abel d'Aux, demeuré fils mineur dudit feu Jacques d'Aux et de Susanne de Laporte.

veuve dudit feu Jacques en son second mariage : lesquelles parties font le partage du Bournay, de Pousieux et autres terres; et adjugent à François, comme aîné, les seigneuries et fiefs, et s'accordent à raison des successions de feu René d'Aux, seigneur du Bournay, de Pousieux, etc., et de damoiselle Marie de Saint-Martin, leurs feus père et mère, et autres successions collatérales de leurs frères décédés. Cet acte est signé à la minute, François D'AUX; Philippe D'AUX; Charles D'AUX; René D'AUX; G. NORMANT, notaire royal; MATHURÉS, notaire royal à Monthoiron.

Ibidem. La minute est chez Laglaive, notaire à Chatellerault.

La division des biens échus aux cadets fut faite par un contrat de partage noble, passé entre nobles personnes René, Philippe et Charles d'Aux, frères, demeurant en la paroisse de Senillé, fors ledit Charles qui demeure au lieu noble de la Rabaudrie; lesquels, en leurs noms privés, et encore ledit René, au nom et comme curateur en la personne et biens de Charles d'Aux, enfant mineur de défunt Jacques d'Aux, leur frère, et de damoiselle Marguerite de Puigirault, ses père et mère; et encore pour et au nom, et faisant fort pour Abel d'Aux, autre fils mineur dudit Jacques et de damoiselle Susanne de Laporte, veuve dudit Jacques d'Aux en son second mariage, ont, de leur libérale volonté, fait et accordé le partage des choses à eux advenues et échues, et ce, à cause et comme héritiers de défunt René d'Aux, vivant écuyer, seigneur du Bournay, et de damoiselle Marie de Saint-Martin, leurs défunts père et mère, de la seigneurie de la Simonière, Pousieux et autres biens (y relatés), et lesquelles choses leur sont demeurées par le partage fait ci-devant avec François d'Aux, seigneur du Bournay, leur frère aîné. Cet acte fut passé à Villaray, paroisse de Senillé, le 9 novembre 1563, et signé en la minute, René D'AUX; Charles D'AUX; Philippe D'AUX; MORNET et PETIT, notaires de Chatellerault.

Archives de la Hybeaudiere.

Les deux mariages de Jacques d'Aux, et l'existence de ses deux fils Charles et Abel, sont encore justifiés par la maintenue de noblesse du 11 juin 1635, obtenue par Claude d'Aux, seigneur de la Droutière et de la Chaulme, son petit-fils, qui produisit les deux contrats de mariage et autres titres et actes, tous spécifiés devant les commissaires députés par sa Majesté pour la recherche de la noblesse de la Touraine. Ils furent encore produits par René d'Aux, seigneur de la Droutière et de la Chaulme, fils dudit Claude, en la première chambre de la cour des aides de Paris, qui rendit, le 11 mars 1664, un arrêt qui déclare René d'Aux de noble race et lignée; ils furent de nouveau produits par le même René devant les commissaires du roi pour la recherche de la noblesse du Poitou, qui le maintinrent en sa noblesse le 12 août 1667.

Ibidem.

Ibidem. Et au cabinet des Ordres du Roi.

Jacques d'Aux eut de son premier mariage,

. . . . Charles qui suit;

Et du second,

. . . . Abel dont la postérité sera rapportée après celle de son aîné.

Auteur de la branche du marquis d'Aux.

X I.

Charles d'Aux, écuyer, seigneur de la Bourdilière et de Clouchaussan, fils de Jacques d'Aux et de Marguerite de Puigirault, était mineur à la mort de son père; nous avons vu qu'il fut assisté par René d'Aux, son oncle, qui était son curateur, au partage qui fut passé au Bournay le 10 août 1563, devant G. Normant et Mathurés, notaires de Monthoiron : il fut encore assisté par le même René au partage de division entre les cadets, qui fut passé à Villaray le 9 novembre 1563, devant Mornet et Petit, notaires de Chatellerault.

Trésor du marquisat de Lagroix, Et archives de la Hybeaudiere.

Charles d'Aux, assisté de haut et puissant seigneur René d'Aux, écuyer, seigneur de la Fuye et de la Simonière, son oncle, contracta mariage le 21 mars 1574, devant Gendreau et J. Tibourceau, notaires à Angle, avec Magdelaine de Couhé, damoiselle, fille de défunt haut et puissant seigneur Joachim de Couhé, écuyer, seigneur de Betz et de la Roche-Aguai, et de damoiselle Antoinette de la Bussière.

Ibidem.

De ce mariage sont issus,

1.° . . . Hector qui suit.

2.° . . . . Paul d'Aux qui partagea noblement avec tous ses frères et sœurs par contrat du 5 décembre 1601, et vint à un second partage de division avec tous les cadets le 26 décembre 1607.

Cabinet des Ordres du Roi.

3.° . . . . Philippe, *idem.*

4.° . . . . Denise, *idem.*

5.° . . . . Jeanne, *idem.*

X I I.

Hector d'Aux, écuyer, seigneur de la Bourdilière, de Villaray et de Jardres, fils de Charles d'Aux et de Magdelaine de Couhé, consentit un partage noble avec ses frère et sœurs par acte du 5 décembre 1601. Il s'allia par contrat du 16 février 1615, passé au lieu seigneurial du Puidoré, devant Bonnet et Pasquier, notaires de Chatellerault, avec Louise de Chauvron, fille de François de Chauvron, écuyer, seigneur de Lamote-Chauvron et du Puidoré, et de damoiselle Isabeth de Verruyer. Il produisit ses titres, et fut maintenu en sa noblesse par les commissaires du roi le 14 mai 1624. Hector d'Aux, en sa qualité de seigneur de la Bourdilière, de Villaray et de Jardres, donna son dénombrement à Honorat de Neuchèse, sieur de Bourdemain et de Villegongis; lequel fut collationné le 23 mai 1654.

Archives de la Hybeaudiere.

Ibidem.

De ce mariage sont issus,

1.° . . . . Cesar qui suit.

2.° René d'Aux, sieur des Grandes-Loges et de Jardres, qui vint à partage avec son frère le 2 novembre 1652 : il produisit ses titres devant les commissaires du roi préposés pour la recherche de la noblesse du Poitou, et fut

Ibidem.

Cabinet des Ordres du Roi.

maintenu en sa noblesse, le 9 septembre 1667, par M. Barentin, intendant du Poitou. Il s'allia par acte du 13 avril 1648, passé devant Matthieu Guyet, notaire du duché pairie de Richelieu, avec Fulgense de Vialière, fille de feu Jacques de Vialière, écuyer, sieur de Monjardin, et de Marie de Vaillant. Il fit son testament le 26 mars 1666, et mourut en 1668 : sa femme fut tutrice et garde-noble de ses enfans, et, en cette qualité, elle eut acte de la représentation des titres de leur noblesse devant M. Voisin de la Noiraye le 26 septembre 1668. René d'Aux faisait sa résidence dans la paroisse de Jonnay, élection de Richelieu. Il eut de son mariage, 1.° René d'Aux baptisé en la paroisse de Jonnay le 6 septembre 1649, mort sans postérité; 2.° Marie-Renée d'Aux baptisée le 29 avril 1653; 3.° Armand-François d'Aux, sieur de Lingé, baptisé dans la même paroisse le 22 octobre 1654, qui fut père de cinq enfans : 1.° de Fulgense-Thérèse d'Aux qui fut mariée avec messire Armand-François de Blet, seigneur de Chargé en Poitou, gouverneur des ville et château de Richelieu et Chinon, dont leur fille Magdelaine-Alberte de Blet épousa René-Jacques de Mauléon; 2.° de N. d'Aux qui fut mariée avec messire le Coq, écuyer, seigneur de Saint-Vertunien près de Chatellerault; 3.° de N. d'Aux qui fut mariée avec messire de Sorbiers, écuyer, en Berri; 4.° de N. d'Aux, chanoine de Chatellerault; 5.° de N. d'Aux, chanoine de Chatellerault.

XIII.

CESAR D'AUX, écuyer, seigneur de la Bourdilière et de Villaray, fils d'Hector d'Aux et de Louise de Chauvron, résidant dans la paroisse de Dissay, contracta mariage avec Louise Gouin, fille d'Antoine Gouin, écuyer, seigneur de Louardière, par acte du 18 septembre 1641, passé devant Prescheau et Goutière, notaires de Poitiers. Il assista René, son frère, à son mariage du 13 avril 1648, et vint à un partage noble avec lui le 2 novembre 1652. Il eut acte le 25 février 1665 de la production qu'il fit de ses titres, pour lui et pour son frère, devant M. Colbert, intendant du Poitou, et fut maintenu en sa noblesse le 9 septembre 1667 par M. Barentin, intendant du Poitou, commissaire à ce préposé par sa Majesté.

Archives de la Hybeaudiere.

Cabinet des Ordres du Roi.

Du mariage de Cesar d'Aux vint

. . . . . Henri-René qui suit.

XIV.

HENRI-RENÉ D'AUX, écuyer, seigneur de la Bourdilière et de Louardière, fils de Cesar d'Aux et de Louise Gouin, fut marié avec damoiselle Charlotte le Coq par acte du 1.er juin 1668, passé devant Ribaud et Rullié, notaires de Poitiers.

Archives de la Hybeaudiere.

De ce mariage vinrent,

1.° . . . . N. d'Aux mort à Paris sans avoir été marié.

2.° . . . . N. d'Aux, ecclésiastique.

3.° . . . . N. d'Aux, religieuse à Chatellerault.

4.° . . . . Françoise-Marthe d'Aux qui fut mariée avec messire Thimotée de Raze, écuyer, seigneur de Ché, par acte du 24 novembre 1723, passé devant Ragueneau et Després, notaires d'Issai près de Poitiers. *Ibidem.*

NEUVIÈME BRANCHE
DES MARQUIS D'AUX.
X I.

ABEL D'AUX, écuyer, fils de Jacques d'Aux, écuyer, seigneur de Villaray, et de Susanne de Laporte, dont la postérité existe encore, formant trois branches, était mineur à la mort de son père, comme il conste par les actes des partages, desquels nous répéterons ici les extraits.

Le 10 août 1563, il fut passé au Bournay un contrat de partage noble entre François d'Aux, chevalier, seigneur du Bournay, et René, Philippe et Charles d'Aux, écuyers, ses frères cadets; ledit René procédant au nom et comme curateur de Charles d'Aux, demeuré fils mineur de Jacques d'Aux, leur frère, lui vivant écuyer, seigneur de Villaray, et de Marguerite de Puigirault, ses père et mère; et lesdits François et Charles, eux faisant fort pour Abel d'Aux, demeuré fils mineur dudit feu Jacques d'Aux et de Susanne de Laporte, veuve dudit feu Jacques en son second mariage; lesquelles parties font le partage du Bournay, de Pousieux et autres biens, et adjugent à François, comme aîné, les seigneuries et fiefs, et s'accordent à raison des successions de feu René d'Aux, chevalier, seigneur du Bournay, de Pousieux, etc., et de damoiselle Marie de Saint-Martin, leurs défunts père et mère, et autres successions collatérales de leurs frères décédés. Cet acte est signé en la minute par toutes les parties contractantes, et reçu par G. Normant, notaire royal, et Mathurés, notaire de Monthoiron. *Trésor du marquisat de Lagroix, Et archives de la Hybeaudiere.*

La division des biens échus aux cadets fut faite par le contrat de partage passé entre nobles personnes René, Philippe et Charles d'Aux frères, demeurant en la paroisse de Senillé, fors ledit Charles, qui demeure au lieu noble de la Rabaudrie, lesquels, en leurs noms propres, et encore ledit René au nom et comme curateur en la personne et biens de Charles d'Aux, enfant mineur de défunt Jacques d'Aux, leur frère, et de damoiselle Marguerite de Puigirault, ses père et mère; et encore pour et au nom et se faisant fort pour Abel d'Aux, autre fils mineur dudit Jacques et de damoiselle Susanne de Laporte, veuve dudit Jacques d'Aux en son second mariage, ont, de leur libérale volonté, fait et accordé le partage des choses à eux advenues et échues, et ce à cause et comme héritiers de défunt René d'Aux, vivant écuyer, seigneur du Bournay, et de damoiselle Marie de Saint-Martin, leurs père et mère, de la seigneurie de la Simonière, Pousieux et autres biens (y relatés), et lesquelles choses leur *Ibidem. La minute est chez Laglaine, notaire de Chatelerault.*

sont demeurées par le partage ci-devant fait avec François d'Aux, leur frère aîné. Cet acte fut passé à Villaray le 9 novembre 1563, devant Mornet et Petit, notaires de Chatellerault.

Archives de la Hybeaudiere.

Abel d'Aux contracta mariage avec noble Jeanne des Aubus par acte du 13 avril 1578, passé devant Torreau et Favreau, notaires royaux à la Haye en Touraine.

De ce mariage vint

. . . . Claude qui suit.

XII.

Ibidem.

Claude d'Aux, écuyer, seigneur de la Droulière et de la Chaulme, fils d'Abel d'Aux et de Jeanne des Aubus, s'allia le 27 janvier 1609 avec Diane de Couhé, damoiselle, par acte passé devant Girard et Massonneau, notaires royaux, dans lequel acte il nomme ses père et mère défunts. Il produisit sa généalogie, et justifia de sa noblesse par tous les titres et actes qui ont été ci-devant mentionnés devant les commissaires députés par sa majesté pour la recherche de la noblesse de la Touraine, qui prononcèrent un jugement de maintenue le 11 juin 1635, signé de Bragellongne; et plus bas, Leclerc.

Ibidem.

Diane de Couhé mourut le 12 janvier 1650, et Claude d'Aux, son mari, le 16 du même mois, dans la maison de la Chaulme, où ils faisaient leur résidence : ils furent enterrés l'un et l'autre dans l'église paroissiale d'Augé en Poitou, dont extrait mortuaire délivré le 25 janvier 1775 par Pingeot, curé d'Augé, légalisé par Pierre-Alexandre Vantellon, conseiller du roi, etc.

Ibidem. Et registres de la paroisse d'Augé.

Il vint de leur mariage,

1.° . . . René qui suit.

2.° . . . Marguerite d'Aux qui vint à partage avec ses frères.

Cabinet des Ordres du Roi.

3.° . . . François d'Aux, sieur des Aubus, qui résidait dans la paroisse de Corbaen, élection de Fontenai. Il s'allia par contrat du 2 février 1653 avec Marie Ayvault. Il fut maintenu en sa noblesse, conjointement avec René, son frère, par arrêt de la cour des aides de Paris, du 11 mars 1664, et par la maintenue de M. Barentin, intendant du Poitou, commissaire du roi, du 12 août 1667. Il vint à partage avec René d'Aux, son frère, et Marguerite, sa sœur, par acte du 9 juillet 1666, reçu par Mousseau et Prescheau, notaires. François d'Aux forma une branche de peu de durée; et comme les actes qui concernent sa postérité ne nous sont point parvenus, nous nous bornerons à déduire ce que nous en savons de certain. Il fut père d'Hector, de Philippe et de Joachim d'Aux, sieur de la Rabaudrie, lequel fut père de Charles d'Aux, sieur de la Rabaudrie, et de Jacques, sieur de Chaumont. Celui-ci eut pour fils Henri d'Aux, sieur de la Bracheserie, résidant dans la paroisse d'Archigny, élection de Poitiers; c'est lui qui donna sa déclaration concernant la postérité de François d'Aux ainsi que dessus. On croit que cette branche s'est fondue dans la maison Desnouches.

Archives de la Hybeaudiere.

Cabinet des Ordres du Roi.

XIII.

René d'Aux I.er du nom de cette branche, écuyer, seigneur de la Droulière et de la Chaulme, fils de Claude d'Aux et de Diane de Couhé, obtint pour son mariage le consentement de ses père et mère, qui donnèrent à cet effet leur procuration passée sous le scel royal de Chatellerault devant Jude et Renaud, notaires, en faveur de Jacques Gourdeau, écuyer, sieur de Longesve, qui assista, en sa qualité de procureur fondé, René d'Aux au mariage qu'il contracta le 4 novembre 1645, devant Robert et Bonnet, notaires royaux de Fontenay-le-Comte, avec damoiselle Renée de Jousseaulme. Archives de la Hybeaudiere.

A la réquisition de René d'Aux, il fut fait une sommation à Magdelaine des Mons, veuve de Charles d'Aux, en son vivant écuyer, seigneur de la Rabaudrie, pour qu'elle eût à représenter et confier tous les titres originaux, contrats de mariage, commissions, etc., dont elle était chargée comme mère tutrice et garde-noble de la personne de Charles-François d'Aux, son fils et de feu Charles d'Aux, son mari, lequel avait toujours eu lesdits titres en son pouvoir, comme aîné de toutes les branches du nom d'Aux en Poitou. Cet acte fut passé au lieu noble de la Rabaudrie le 24 octobre 1662, devant *Ibidem.* Mathurés et Duvau, notaires royaux. La remise faite, tous ces titres furent produits en la première chambre de la cour des aides de Paris, qui rendit le 11 mars 1664 un arrêt qui, déclarant ledit René d'Aux, sieur de la *Ibidem.* Chaulme, écuyer, de noble race et lignée, et toute sa postérité née et à naître en loyal mariage, condamne le sieur Thomas Bousseau, commissaire député par sa majesté pour la recherche de la noblesse, aux dépens, dommages et intérêts envers ledit René d'Aux, liquidés à la somme de 80 livres *parisis.*

Ces mêmes titres furent de nouveau produits devant les commissaires députés *Ibidem.* par sa majesté pour la recherche générale de la noblesse du Poitou, qui rendirent à Poitiers, le 12 août 1667, un jugement de maintenue de noblesse en faveur de René et François d'Aux, frères. Signé Barentin, intendant, commissaire; du Bellineau. Et au cabinet des Ordres du Roi.

Le 9 juillet 1666 il fut passé au château de Billy, devant Rousseau et Bretheau, notaires de la Châtellenie et Commanderie de Billy, un partage noble entre René, François et Marguerite d'Aux, tous les trois enfans de feu Claude d'Aux et de Diane de Couhé, par lequel il est adjugé audit René, comme fils aîné, principal et noble, le droit de préciput et les deux tiers des biens nobles, etc. Archives de la Hybeaudiere.

René d'Aux contracta en 1668 un second mariage avec Sébastienne de Boutou, de laquelle il n'eut point d'enfans. *Ibidem.*

Du premier mariage vinrent,

1.° . . . Gabriel qui suit.

2.° . . . Romain d'Aux, auteur des seigneurs de Marsais, dont la postérité sera rapportée à son tour. Auteur des seigneurs de Marsais.

3.° . . . Marie d'Aux mariée avec messire François de Lagarde.

X I V.

Gabriel d'Aux, écuyer, seigneur de la Chaulme et de Bretet, fils de René d'Aux et de Renée de Jousseaulme, faisait sa résidence dans la paroisse de Saint-Hylaire sur l'Otise, lorsqu'il fut marié, du consentement et assistance de son père, avec Marie de Laine, fille de défunt René de Laine, écuyer, sieur de Longeville, et de damoiselle Sébastienne de Boutou, par contrat passé en la maison noble de Lavergne le 27 juin 1670, devant Charles Epron et Jean Fonteneau, notaires de Vouvant. Cet acte fut contrôlé à Fontenay-le-Comte le 26 juin 1717, et registré au conseil supérieur du Cap Saint-Domingue le 12 février 1719.

Archives de la Hybeaudiere.

Gabriel d'Aux se rendit à Tallemont à la convocation de la noblesse commandée par M. le duc de Lavieuville, pair de France, et lieutenant-général pour le roi du haut et bas Poitou, dont certificat du 3 mai 1674; signé le duc de Lavieuville : Taconet.

Ibidem.

Du mariage de Gabriel d'Aux vinrent,

1.° . . . René qui suit.

2.° . . . Henri d'Aux mentionné ci-après au partage du 17 décembre 1696.

X V.

René d'Aux II.e du nom, écuyer, seigneur de Bretet et de Beauregard, fils de Gabriel d'Aux et de Marie de Laine, fut baptisé le 30 novembre 1670 dans l'église de Saint-Hylaire sur l'Otise, par Jean Neau, curé de ladite paroisse, et fut tenu sur les Fonts par René d'Aux, seigneur de la Chaulme, son aïeul, et par Marguerite d'Aux, sa grande tante.

Ibidem. Et aux registres de St.-Hylaire.

René d'Aux entra au service du roi en qualité de garde de la marine, au département de Rochefort, par lettres du 1.er janvier 1692. Il fut fait enseigne du détachement de la marine le 30 septembre 1694, lieutenant le 1.er janvier 1701, et capitaine du détachement de la marine à Saint-Domingue par commission du 22 août 1707; et consécutivement, il fut fait chevalier de l'ordre royal et militaire de Saint-Louis.

Archives du marquisat d'Aux.

René et Henri d'Aux, frères, procédant de l'autorité de Marie de Laine, leur mère, consentirent un acte de partage avec messire François de Lagarde, représentant pour Marie d'Aux, sa femme, et pour Romain d'Aux, sieur du Collombier, son beau-frère, à raison de la succession de feue Renée de Jousseaulme, mère de Marie et de Romain d'Aux, et aïeule de René et Henri d'Aux. Cet acte fut passé à Coulonges le 17 décembre 1696, devant Sechereau et Daurand, notaires dudit lieu.

Archives de la Hybeaudiere.

Le service du roi exigeant de René d'Aux un séjour constant à Saint-Domingue, il s'y fixa par d'autres liens : il se maria avec demoiselle Catherine de Larue, fille de feu sieur Jean-Louis de Larue et de demoiselle Marie Boissel :

l'acte en fut passé le 12 septembre 1699, devant Charpentier et Masières, notaires royaux du Cap Saint-Domingue, et la célébration en fut faite le 17 du même mois dans l'église du presbytère du quartier Morin, par frère Aubert, capucin, desservant ladite église. Après treize ans de mariage, Catherine de Larue mourut, et fut enterrée dans la même église le 28 novembre 1712, dont extrait délivré le 23 août 1735 par Jean Tribert, jésuite. Archives du marquisat d'Aux.

Retenu à Saint-Domingue par une fortune assez considérable, René d'Aux jugea que sa postérité s'y fixerait, du moins pour un temps; il voulut la faire jouir des priviléges attachés à la noblesse : il fit reconnaître sa qualité, et enregistrer ses titres au conseil supérieur du Cap le 12 février 1719; et peu de jours après il se maria en secondes noces avec demoiselle Leclerc de Morinville, et vint habiter Nantes, où il fit son testament le 4 janvier 1720 devant Mathurin Boufflet, notaire. *Ibidem.* *Ibidem.*

Du premier mariage vinrent,

1.° . . . René-Louis qui suit.

2.° . . . Jean d'Aux, dont la postérité sera rapportée après celle de son aîné. Auteur du seigneur de la Hybeaudiere.

3.° . . . Michel d'Aux mort sans postérité.

Et du second mariage vint

Elisabeth d'Aux mariée avec messire Joseph de Liniers, chevalier, seigneur de la Rousselière et de Cheffoy en Poitou.

X V I.

René-Louis d'Aux I.er du nom, marquis d'Aux, seigneur de Villene, écuyer, fils de René d'Aux et de Catherine de Larue, nommé héritier au testament de son père, fut baptisé le 11 décembre 1707 dans l'église Saint-Louis du quartier Morin de l'île et côte Saint-Domingue, dont extrait délivré le 20 juin 1725 par Jean Tribert, jésuite, desservant la cure; légalisé le 2 juillet suivant par Pierre-Jean le Maître, conseiller du roi, sénéchal, juge civil et criminel du siége royal du Cap. Archivos du marquisat d'Aux.

Après la mort de leur père et mère, René-Louis, Jean et Michel d'Aux furent pourvus d'un curateur pour la gestion de leurs biens de Bretet en Poitou, situés dans la paroisse de Saint-Hylaire sur l'Otise, et de ceux qu'ils possédaient à Saint-Domingue. Messire Maximilien de Boutou, écuyer, seigneur de la Bougisière, fut chargé de cette curatelle par sentence du lieutenant-général de la sénéchaussée de Nantes, du 19 août 1722, et rendit compte à ses pupilles de son administration le 1.er décembre 1740. Devenus majeurs, René-Louis et Jean d'Aux firent le partage des successions paternelle et maternelle, dont acte passé le 21 juin 1735 devant Saint-Martin, notaire du Cap. Archives de la Hybeaudiere.

René-Louis d'Aux contracta mariage au quartier Saint-Louis, par acte du 22 avril 1732, passé devant Duport et Auriol, notaires du Cap Saint-Domingue, avec Elisabeth-Françoise Robineau, fille de feu Antoine Robineau, procureur général au conseil supérieur du Cap, et de dame Françoise Ferou. Archives du marquisat d'Aux.

Dans les suites, René-Louis vint habiter la ville de Nantes ; et comme il voulait jouir des priviléges attachés à la noblesse de la Bretagne, il présenta sa requête au parlement pour y faire enregistrer ses titres : sur le rapport de M. de Gueri, doyen, et les conclusions du procureur général, la cour en ordonna la remise le 27 mai 1762, et rendit le 29 du même mois un arrêt qui ordonne que ledit René-Louis d'Aux, ses enfans et postérité née et à naître en loyal mariage, jouiront dans la province de Bretagne des qualités, priviléges, honneurs et exemptions attribués à la noblesse de cette province ; et qu'en conséquence ils auront entrée et séance dans l'assemblée des états de ladite province, etc. : signé le Clavier.

Archives de la Hybeaudiere.

Sa majesté, en considération des services des aïeux de René-Louis, de l'ancienneté de la maison d'Aux et des grandes alliances qu'elle a formées, a érigé sa terre de Villene, située près du Mans, en marquisat du nom d'Aux, par lettres patentes du 1777, registrées au parlement de Paris, le et à la chambre des comptes de Paris, le

Archives du marquisat d'Aux.

Du mariage de René-Louis d'Aux est issu

René-Louis qui suit.

XVII.

René-Louis d'Aux II du nom, chevalier, marquis d'Aux, seigneur de Villene, fils de René-Louis d'Aux et d'Elisabeth-Françoise Robineau, a été baptisé le 30 avril 1733 dans l'église de Saint-Louis du quartier Morin du Cap Saint-Domingue, par Jean Tribert, jésuite, desservant la cure, et a été tenu sur les Fonts par Jean d'Aux, chevalier, son oncle, et par dame Françoise Ferou, veuve Robineau, son aïeule. Après avoir servi pendant douze ans dans la compagnie des mousquetaires gris de la garde du roi, il s'est marié, du consentement de son père, avec Marie-Anne Godet, dame de Chatillon, fille de messire Pierre-François Godet, chevalier, seigneur de Chatillon, et de dame Marie-Anne Branlard de Launay, dont acte passé à Nantes le 16 avril 1761, devant Legouais et Jalabert, notaires. Marie-Anne Godet de Chatillon est morte en 1775 ; elle a eu de son mariage avec René-Louis d'Aux,

Ibidem.

Ibidem.

1.° . . . Marie-Anne-Félicité née le 9 avril 1762.

2.° . . . Pierre-François-Louis né le 13 septembre 1763, capitaine au régiment du Mestre-de-Camp, dragons, qui a eu l'honneur d'être présenté et de monter dans les voitures de sa majesté le 16 novembre 1784.

3.° . . . Vincent-Marie-Anne mort en bas âge.

4.° . . . René mort en bas âge.

5.° . . . Agathe-Adélaïde née le 7 février 1767.

6.° . . . Rose-Marie-Josephe née le 8 octobre 1768.

7.° . . . Sophie-Louise-Auguste née le 22 mars 1770.

8.° . . . Mélanie-Antoinette-Victoire née le 24 septembre 1771.

DIXIEME

DIXIÈME BRANCHE

Des Seigneurs de la Hybeaudière.

XVI.

Jean d'Aux, chevalier, second fils de René d'Aux II du nom, écuyer, seigneur de Bretet et de Beauregard, chevalier de l'ordre royal et militaire de Saint-Louis, capitaine d'une compagnie franche de la marine, et de dame Catherine de Larue, nommé au testament de son père du 4 janvier 1720, reçu par Mathurin Boufflet, notaire de Nantes, fut baptisé le 15 avril 1710 dans l'église Saint-Louis du Cap Saint-Domingue. Il vint à partage avec René-Louis d'Aux, son frère, à raison des successions de leurs père et mère, dont acte du 21 juin 1735, passé devant Saint-Martin, notaire au Cap. Archives de la Hybeaudiere.

Jean d'Aux fut assisté par son frère au mariage qu'il contracta avec Marie-Louise Robineau, fille de feu messire Antoine Robineau, procureur général au conseil supérieur du Cap Saint-Domingue, et de dame Françoise Ferou, dont acte passé au Cap le 15 novembre 1732, devant Saint-Martin et Auriol, notaires. La célébration dudit mariage fut faite le 17 du même mois dans l'église de Saint-Louis du Cap par Jean Tribert, jésuite, curé. *Ibidem.*

Devenu veuf en 1739, Jean d'Aux passa la mer, vint habiter Nantes, où il contracta le 10 juillet 1741 un second mariage avec Anne Leflo, demoiselle, fille de messire Jean-Charles Leflo, chevalier, seigneur de Tremelo, et de dame Marie-Anne Branlard, par acte passé devant Coiscaud et Thomas, notaires. *Ibidem.*

Du premier mariage sont issus,

1.° . . . Jean mort à l'âge de dix-huit ans sans postérité.

2.° . . . François-Vincent qui suit.

Et du second mariage,

1.° . . .
2.° . . . } Trois fils morts en bas âge.
3.° . . .

4.° . . . Anne-Renée d'Aux mariée avec messire Godet, écuyer, seigneur de Chatillon.

5.° . . . Louise-Marie d'Aux mariée avec messire N. de Francheville, écuyer, seigneur de Lamote.

6.° . . . Marie-Modeste d'Aux mariée avec messire Auguste de Robineau, écuyer, seigneur de Bouguenais, capitaine d'infanterie au régiment de Boulonais.

XVII.

François-Vincent, comte d'Aux du Bournay, chevalier, seigneur de la Hybeaudière, fils de Jean d'Aux et de Marie-Louise de Robineau, fut baptisé le 29 août 1735 dans l'église de Saint-Louis, au quartier Morin de l'île et *Ibidem.*

côte Saint-Domingue, par Jean Tribert, jésuite; il eut pour parrain messire Marie-Vincent Robineau, et pour marraine dame Fançoise-Elisabeth Robineau, femme de René-Louis d'Aux.

Ibidem. Le 4 juillet 1763, il fut passé un partage entre François-Vincent d'Aux et son père, concernant la succession de dame Marie-Louise Robineau, mère de François-Vincent, dont acte reçu au Cap par Delan, notaire; et après la mort de son père, François-Vincent est venu à partage le 18 mai 1777 avec ses sœurs du second lit.

Ibidem. François-Vincent d'Aux a été marié, 1.° avec Elisabeth Robineau, sa cousine germaine, dame de Bougon en Saint-Jean, fille de Vincent-Marie Robineau, écuyer, seigneur de Bougon en Saint-Pierre de Bouguenais, et de feue dame Elisabeth de Liniers; l'acte en fut passé à Nantes le 22 février 1764 devant Herault, et Jalabert, notaires; et 2.° avec Catherine-Perrine Pepin de Belle-Ile, demoiselle, fille de messire Julien-Pepin de Belle-Ile, chevalier, seigneur de la Frudière, de la Noé, etc., chef d'escadre des armées navales du roi, chevalier de l'ordre militaire de Saint-Louis, et de dame Anne Fortin, ses père et mère, qui assistèrent leurdite fille au contrat qui en fut passé à Nantes le 27 septembre 1775 devant Herault et Jalabert, notaires.

Ibidem. Le mariage fut célébré le 3 octobre suivant dans la chapelle du château de la Frudière, paroisse de la Chevrolière, au diocèse de Nantes.

Ibidem. François-Vincent, comte d'Aux, avait obtenu, par arrêt du conseil du roi et de ses finances, du 17 décembre 1782, une concession d'atterrissemens sur la Loire, attenant à sa terre de la Hybeaudière; et après beaucoup de difficultés, il vient d'obtenir en 1785 un arrêt contradictoire du conseil, le roi y étant, qui le maintient dans la propriété et jouissance de ladite concession.

Du premier mariage sont issues,

1.° . . . Louise-Anne-Désirée d'Aux née le 13 avril 1768.

2.° . . . Marie-Louise-Adélaide d'Aux née le 18 mars 1770.

Et du second mariage,

1.° . . . François d'Aux né le 4 septembre 1776, mort à l'âge d'un an.

2.° . . .

3.° . . .

ONZIÈME BRANCHE

Des Seigneurs de Marsais et de Bourneuf, résidans au Marsais, près de Fontenay-le-Comte, en Poitou.

XIV.

ROMAIN D'AUX, écuyer, sieur du Collombier, second fils de René d'Aux I du nom, seigneur de la Droutière et de la Chaulme, et de damoiselle Renée de Jousseaulme, fut assisté par René, son père, par Gabriel d'Aux, son frère, et par Marie, sa sœur, au mariage qu'il contracta le 16 novembre 1678 avec damoiselle Jacquette Garnier, par acte passé devant Jean et Geraud, notaires à Vellevyre. Il fut représenté par messire François de Lagarde, son beau-frère, au partage de famille déjà mentionné du 17 décembre 1696, passé à Coulonges devant Sechereau et Daurand, notaires dudit lieu; dans lequel François de Lagarde, procédant comme légitime administrateur des biens de Marie d'Aux, sa femme, et pour Romain d'Aux, sieur du Collombier, son beau-frère, vient à partage avec René et Henri d'Aux, ses neveux, à raison de la succession de feue Renée de Jousseaulme, mère de Romain et de Marie, et aïeule de René et Henri d'Aux. Romain fut maintenu en sa noblesse le 13 août 1700.

Archives de Marsais.

Ibidem. Et Archives de la Hybeaudiere.

Il eût de son mariage,

1.° . . . François qui suit.

2.° . . . Henri-Pascal d'Aux, chevalier, mort à Paris le 24 octobre 1722. Il était marié avec demoiselle Duclusceau, de laquelle il n'eut point d'enfant.

Cabinet des Ordres du Roi.

X V.

François d'Aux, seigneur de Marsais, de Bourneuf et du Collombier, fils de Romain d'Aux et de Jacquette de Garnier, fut baptisé le 15 octobre 1679 dans l'église de Saint-Martin du Gué de Vellevyre, au diocèse de la Rochelle, par Pellegaud, prieur du Gué. Il servit le roi en qualité de lieutenant dans le régiment d'Anjou cavalerie. Il fut assisté par Romain, son père, par le chevalier d'Aux, son frère, et par la dame Duclusceau, femme dudit chevalier d'Aux, au mariage qu'il contracta à Marsais, près de Fontenay-le-Comte, le 25 mai 1716, avec Marie-Anne Bloüin, fille de messire Antoine Bloüin, écuyer, seigneur de Marsais et de Bourneuf, et de dame Thérèse de Saint-Gaseau, par acte passé devant Bouhier et Chouteau, notaires.

Registres de ladite paroisse.

Archives de Marsais.

De ce mariage est issu

René qui suit.

X V I.

René d'Aux, écuyer, seigneur de Marsais et de Bourneuf, fils de François d'Aux et de Marie-Anne Bloüin, fut baptisé le 19 novembre 1726 par Blaud, curé de Marsais. Il s'est marié le 21 avril 1750 avec demoiselle Marie-Magdelaine Pagés, duquel mariage sont issus,

Registres de la paroisse de Marsais.

Archives de Marsais.

1.° . . . Gabriel-René-Marie né et baptisé le 21 mars 1755, par Huguето Pinardière, curé de Marsais.

2.° . . . Jean-François-Joseph né et baptisé le 19 mars 1767, par Mathorais, curé de Marsais.

MÉMOIRES

De la vie d'Arnaud d'Aux, Cardinal, Évêque d'Albane, Camerlingue de la S.te Église Romaine.

ARNAUD D'AUX, second fils de noble Pierre d'Aux de Lescut, chevalier, seigneur de Montpelier et de Lescut, et de Jeanne de Goth, damoiselle, qu'on croit fille de Sennebrun de Goth, seigneur de Saint-Martin de Goth ou Goueine, et de Marquèse d'Ilhac, damoiselle, naquit au château de Montpelier près de la ville de la Romieu, (1) où son père faisait sa résidence : cette circonstance n'était pas connue de la plupart des auteurs, qui, d'accord sur les traits principaux de la vie d'Arnaud, ainsi que sur la noblesse de son origine, ont varié sur le lieu de sa naissance. Il serait superflu de rapporter les diverses opinions qu'ils ont hasardées à ce sujet; nous nous bornerons à faire connaître les motifs qui ont déterminé Étienne Balûze à lui donner pour patrie la ville de la Romieu. Cet écrivain profond, dans sa collection des actes anciens, en a recueilli et inséré plusieurs qui intéressent Arnaud, et pris connaissance de tous ceux qui peuvent lui donner des lumières sur les faits historiques qu'il traite : tel est l'acte du 2 octobre 1318, dans lequel Raymond de Galard, premier évêque de Condom, de l'avis et exprès consentement de son chapitre, confirme la fondation faite par le cardinal d'Aux, d'un chapitre collégial dans la ville de la Romieu, sa patrie. Ce témoignage est bien authentique, et réunit toutes les certitudes; c'est l'évêque diocésain, contemporain d'Arnaud, et presque son compatriote, qui tranche la question.

Baluz., *vit. Pap. Aven.* tom. 1, p. 669.

Archives du Chapitre de la Romieu.

Après avoir fait ses humanités à Agen, Arnaud alla étudier le droit dans les universités de Boulogne et d'Orléans, où il lia une étroite amitié avec

(1) La Romieu était alors du diocèse d'Agen, et passa à celui de Condom à son érection par la bulle de Jean XXII, du 13 août 1317.

Bertraud de Goth, son cousin, qui fut dans les suites Pape sous le nom de Clément V, auquel il fut intimement attaché jusqu'à sa mort. De retour de ses études, il passa peu de temps dans sa famille; il assista son père à sa mort, et partagea le 24 avril 1291 sa succession et celle de sa mère avec Guillaume et Raymond d'Aux, ses deux frères.

Archives de Rouquetes.

Après avoir réglé les affaires de famille, Arnaud embrassa l'état ecclésiastique, fut pourvu d'un canonicat à l'église de Coutances en Normandie; et attiré à Bordeaux par Bertrand de Goth, qui en était archevêque, Bertrand le fit son grand-vicaire, le logea dans son palais, lui accorda sa plus intime confiance, comme il l'a témoigné du depuis dans une bulle de l'année 1312, et ne cessa de le protéger comme il le méritait. Bertrand, élevé à la papauté sous le nom de Clément V, le 5 juin 1305, nomma de suite Arnaud d'Aux son chapelain; et c'est en cette qualité qu'il assista dans le mois de novembre suivant au couronnement du Pape qui se fit à Lyon. Il fut peu de temps après chargé d'une commission importante, dont voici le sujet extrait de l'histoire ecclésiastique.

Ibidem.

Baluz.

» Vers la fête de Pâques, qui était en France le commencement de l'année, » vinrent à Paris trois cardinaux; savoir, Gentil de Montesiore, de l'ordre des » frères Mineurs, pénitencier du Pape; Nicolas de Freauville, qui avait été » confesseur du roi, et Thomas de Jors, anglais, et plusieurs autres envoyés » du Pape, qui furent fort à charge à l'église Gallicane par l'argent qu'ils de- » mandaient outre leur dépense; ce qui fut cause qu'au mois de juillet les » prélats s'assemblèrent en plusieurs lieux, pour délibérer de ce qu'ils pouvaient » faire touchant les charges que le Pape et les siens imposaient à leurs églises ». Ils en portèrent leurs plaintes au roi, qui, après avoir pris l'avis de son conseil, se détermina à envoyer au Pape Milon des Noyers, maréchal de France; Guillaume de Martinhiac, et Guillaume de Correhuse, pour lui faire des représentations à ce sujet. Le Pape surpris d'apprendre que ses gens se portaient à des pareilles vexations, s'empressa d'envoyer Guillaume, abbé de Moissac, et Arnaud d'Aux, chanoine de Coutances, ses chapelains, qu'il munit de pleins pouvoirs pour réformer ces abus. Il les chargea d'une lettre pour Philippe le Bel, dans laquelle il témoigne toute sa satisfaction d'avoir reçu ses lettres de la main de ces nobles chevaliers, et son étonnement des vexations qu'on impute à ses nonces; il suspend son jugement jusqu'à ce qu'il soit plus amplement informé, et déclare n'avoir personnellement rien à se reprocher; mais il ne peut affirmer que les mains de ses gens soyent aussi pures, parce que, suivant l'avis de saint Augustin, quelque bonne que soit la discipline qui règne dans une maison, nous sommes des hommes, et nous habitons avec des hommes; et ce serait être bien présomptueux que de dire que notre maison soit plus pure que celle de Noé, où il se trouva un réprouvé parmi huit élus; plus sainte que celle

Hist. Eccl. tom. 19, p. 106 et 107.

Ann. 1305, *ex archiv. regis. Paris.*
Baluz. *collect. actor. veter.* tom. II, p. 58.

d'Abraham, qui ne fut pas exempte de réprouvés; ou plus parfaite que celle d'Isaac, dont une partie de ses fils furent réprouvés ; et cependant Noé, Abraham et Isaac ne furent pas inculpés par le Seigneur. Le Pape exprime encore le désir qu'il aurait eu que le clergé, avant que la chose devint publique, l'en eût instruit par la voie des cardinaux français avec lesquels il a toujours conservé une intime liaison ; mais il promet de punir sévèrement les coupables s'il en existe. Cette lettre est datée de Bordeaux, du VI des calendes d'août de la première année de son pontificat.

Les deux envoyés ayant terminé ces affaires à la satisfaction du Pape et des évêques de France, ne tardèrent pas à être placés. Dans le cours de l'année 1306, Guillaume obtint l'évêché de Langres, et Arnaud d'Aux celui de Poitiers, vacant par la mort de Gaultier de Bruges ; mais il n'en prit possession que dans l'année suivante : ce fut le 5 de mai 1307, le dimanche après l'Ascension, qu'il fit à Poitiers une entrée des plus solennelles, de laquelle il fut dressé un procès verbal. Arnaud d'Aux, élevé sur une chaire, était porté par Guy, comte de la Marche; par Jean, vicomte de Chatellerault ; par Guillaume Larchevêque, seigneur de Parthenay, et par Maurice, seigneur de Belleville, depuis l'église de Notre-Dame la Grande jusques aux portes de la cathédrale, accompagné d'un nombre infini de personnes séculières et régulières, en présence desquelles il prêta le serment accoutumé.

Baluz. tom. II, p. 78.
Hist. Eccl. tom. 19, p. 102.
Annal. d'Aquit. fol. 80.
Gallia Purp p. 182.
Gallia Christ. 1a. ann. 1307.
Gallia Christ. 2a. ann. 1307.
Auberi, hist. des Card.
Besty, histoire des Évêques de Poitiers.

Peu de jours après l'installation d'Arnaud, Clément V vint à Poitiers pour y traiter diverses affaires, et conférer avec le roi Philippe le Bel, qui s'y rendit avec ses quatre fils Louis, Philippe, Charles et Robert, et ses deux frères Charles de Valois et Louis d'Evreux, et plusieurs autres seigneurs. Un des principaux objets de la conférence était de moyenner un traité de paix entre la France et l'Angleterre : il fut conclu nonobstant la mort inopinée du roi Édouard I; et en exécution de ce traité, Édouard II, son fils, prit en mariage Isabelle de France, fille de Philippe le Bel, qui rendit à Édouard le duché de Guienne et tout ce qui avait été cédé à son aïeul Henri III par le roi St. Louis, desquelles cessions Édouard fit hommage au roi Philippe. C'est dans cette conférence qu'Arnaud d'Aux développa la supériorité de ses talens pour la négociation sous les yeux de Clément et de Philippe, qui convinrent entre eux qu'Arnaud serait envoyé en Angleterre pour y remplir diverses commissions.

Annal. d'Aquit. 4 part. f. 80.
Hist. Eccl. tom. 19, p. 113.
Nangis, p. 624.
Jo. Villani VIII, ch. 91.
Rain. 8.

Quoique occupé de ces grands intérêts, Arnaud ne négligea pas le soin de son troupeau : pendant le séjour qu'il fit à Poitiers, il s'appliqua à régler les mœurs ecclésiastiques ; mais il n'eut pas long-temps gouverné ce diocèse, qu'il se vit obligé de s'en reposer sur son grand-vicaire, et de se rendre à Avignon, où le Pape l'avait appelé pour l'employer aux affaires du S. Siége. Elles étaient plus critiques en Angleterre que par tout ailleurs : les grands du royaume étaient

Auberi, hist. des Card. tom. 1, p. 407, 8, 9 et 10.

mécontens ; le roi avait disposé à sa fantaisie des biens des Templiers ; il avait fait emprisonner plusieurs évêques, et tellement aigri les esprits, qu'il était à même de voir son parti réduit à un petit nombre de ses créatures. Le moment était pressant ; il n'y avait pas du temps à perdre : la présence d'un légat du Pape y était absolument nécessaire ; il fallait un homme actif, insinuant et intelligent : Clément y envoya Arnaud d'Aux, évêque de Poitiers, dont le choix avait été fait et agréé par Philippe le Bel à la conférence de Poitiers. Arnaud se rendit d'abord à la cour de France, pour y recevoir du roi les instructions qu'il devait lui donner sur des objets qui l'intéressaient particulièrement. Arnaud se proposait d'y faire peu de séjour, et d'en partir de suite pour se rendre en Angleterre ; mais il ne put refuser à Philippe le temps qu'il lui demandait : le roi se chargea de l'excuser auprès de Clément, à qui il écrivit pour lui faire agréer les motifs de son retardement.

Ibidem.
Gallia Christ. 2a. tom. 2, p. 1188.
Diction. eccl. canon. et univ. art. Poitiers.
Baluz. *colect. actor. veter.* tom. 2, p. 106, an. 1307.

Les objets principaux de la mission d'Arnaud en Angleterre étaient de moyenner un accord entre Édouard et les grands de son royaume, d'engager le roi à rendre la liberté à certains évêques qu'il avait fait emprisonner, et à remettre à la disposition du Pape les biens des Templiers : mais il fut encore chargé des intérêts de Philippe, qui désirait ardemment l'éloignement de Pierre de Gaveston et de ses créatures, qui formaient obstacle au bonheur d'Isabelle sa fille. Arnaud fit les plus fortes représentations à Édouard pour l'engager à renvoyer son favori, qui était devenu odieux aux grands et à la nation. Édouard aveuglé sacrifia tout à la possession de Gaveston, négligea sur ce point les avis d'Arnaud, et se précipita volontairement dans un abyme qui lui coûta dans les suites le trône et la vie.

Ibidem.

Thomas Walsingam.

Arnaud d'Aux fut plus heureux dans sa négociation pour l'élargissement des évêques emprisonnés : l'évêque de Saint-André et celui de Lich-Field furent remis en liberté ; mais il éprouva des grandes difficultés pour celui de Glocester, à qui Édouard imputait les crimes les plus atroces, et entr'autres celui de félonie ; et il ne consentit à son élargissement, qu'à condition qu'Arnaud l'amenerait avec lui pour le faire comparaître devant le Pape, et qu'il interposerait ses bons offices pour qu'il ne rentrât plus en Angleterre, et pour faire déclarer le siége de Glocester vacant, et nommer à sa place Étienne de Segrave.

Ann. 1308, Rymer, t. 1, p. 129, 130 et 133.

Quoique la mésintelligence des seigneurs anglais ne fût pas parvenue à son comble avec le roi, elle empêcha les bons effets qu'un monarque affectionné aurait pu opérer pour la restitution des biens des Templiers, desquels ils étaient en possession.

Arnaud après avoir remis un peu de calme dans les esprits, et donné à Édouard des conseils salutaires qu'il ne suivit pas, partit d'Angleterre avec l'évêque de Glocester vers la fin du mois de décembre 1308 ; il arriva à Avignon, rendit compte de sa mission, et fut très-bien accueilli du Pape.

Ann. 1308, Rymer, par. 2, c. x. p. 1, m. 18.

Les affaires du S. Siége occupaient Arnaud, elles ne lui permettaient pas de faire un séjour constant à Poitiers; mais il ne négligeait pas le soin de son troupeau : il s'y rendait pour y entretenir le bon ordre par la tenue des synodes, desquels il nous reste encore plusieurs chapitres des constitutions qu'il avait publiées, et dont le plus grand nombre est extrait de celui de 1310 : elles nous ont été transmises par Laurent Bochel, dans son recueil des décrets de l'église Gallicane.

Laurent Bochell. *in cod. decret. eccl. Gall.* p. 296, 871, 957, 1070, 1158, 1164, 1204.
Dictionn. eccl. canon. art. Poitiers.
Baluz. *Vit. Pap. Aveni.* tom. 1, p. 669.

Le cardinal Bertrand de Bordes étant mort le 12 septembre 1311, fut remplacé par Arnaud d'Aux dans l'office de camerlingue de la sainte église romaine, et ce n'est que de ce jour qu'Arnaud pût en faire les fonctions; cependant on voit dans une bulle de l'année 1312 qu'il rend compte de son administration depuis l'exaltation de Clément V. Pour concilier ces deux contradictions apparentes, on doit distinguer le camerlingue du pape, de celui de la sainte église romaine; ce sont deux offices distincts, chacun a ses fonctions. Arnaud occupa le premier dès l'avénement de Clément, et le second après la mort du cardinal de Bordes; comme il paraît par les lettres de Clément V adressées à Arnaud d'Aux, évêque de Poitiers, camerlingue de la S. É. R., pour l'engager à se rendre au concile général de Vienne, où il fit les fonctions de l'office dont il venait d'être revêtu.

Archives de Rouquetes.

Gallia Christ. *za.* tom. 2, p. 1188.

De retour du concile de Vienne, Arnaud destiné à une nouvelle légation, rendit dans le mois de juin 1312 le compte de son administration des revenus de la papauté et de ceux de l'église romaine. La bulle de décharge que Clément V lui en fit expédier fait connaître le degré de liaison dans lequel ces deux personnages avaient vécu avant l'exaltation de Clément, l'intime confiance qu'il avait pour Arnaud et la parfaite intégrité de la gestion du camerlingue. *Fidelis dispensator et prudens quem dominus super familiam suam confidenter constituit, dignæ laudationis meretur præmium rapportare, cum ipse dominus ejus adveniens, eum sub fidelitatis et prudentiæ virtute reperit sibi dispensationis creditæ ministerium exercere, etc.*

Archives de Rouquetes, Et du Chapitre de la Romieu.
Baluz., tom. 1, art. 40, p. 283.

Cependant la fermentation des esprits s'était réchauffée en Angleterre depuis le départ d'Arnaud d'Aux; Édouard avait perdu de vue les sages conseils de ce légat; et n'étant plus contenu par sa présence, il s'était livré tout entier à Gaveston, qu'il avait fait son premier ministre; ainsi le prince continuait à répandre des grâces, et le favori à en abuser. L'insolence de celui-ci, la corruption des mœurs du roi et le dépérissement des affaires, furent autant de motifs qui réunirent tous les grands du royaume sous la conduite du comte de Lancastre, prince du sang. Ils prirent les armes; Gaveston, forcé de fuir, se retira à Scarbouroug, y fut pris et condamné à mort. Le comte de Lancastre, sans perdre de temps, s'avança jusqu'à Dunestable et fit trembler le roi dans sa capitale.

Thom. Walsingam.
Thom. de Moo, *de vit. et mort. Eduardi II.*
Révol. d'Anglet., tom. 2, p. 60 et suiv.

Le Pape est instruit de tous ces désordres; ses entrailles paternelles sont émues à la vue des malheurs inséparables d'une guerre civile qui va désoler l'Angleterre; il gémit de la conduite d'Édouard; il veut épargner le sang qui va couler; il ose espérer que la médiation du père commun ne sera point rejetée : à cet effet il envoie deux légats chargés de ses instructions; ils doivent faire leurs efforts et tenter tous les moyens pour étouffer le ressentiment d'Édouard, et le ramener dans les bornes d'une juste autorité dirigée par les sages conseils des grands du royaume. Il fallait pour le succès d'une négociation aussi épineuse employer des personnages qui sussent manier les esprits, et qui fussent agréables au roi et à la nation. Arnaud d'Aux, évêque de Poitiers, avait pour lui ces deux avantages, et de plus la juste confiance de Clément V, qui le fit partir avec Arnaud Novelli, cardinal du titre de Ste. Price. Ces deux légats arrivèrent à la cour d'Angleterre; ils travaillèrent sans relâche à l'ouvrage de la paix. Ils s'adressèrent d'abord à la reine; à Louis, comte d'Evreux; à Gilbert, comte de Glocester; au comte d'Herfort; à Robert de Clifford, et aux prélats les plus considérables du royaume qui se trouvaient à St.-Alban. Ils les trouvèrent tous dans les dispositions les plus favorables pour les seconder et concourir de tout leur pouvoir à moyenner un accord. Les légats commencèrent la négociation; et pour s'y donner plus d'autorité, ils envoyèrent au comte de Lancastre et aux seigneurs de son parti des lettres du Pape qui les exhortait à la paix. *De tractando coram legatis papæ super discordiam inter regem et proceres.*

Galliä Christ. 12. et 2a. ann. 1312. *Gallia Purp.*, p. 282. Thom. de la Moo., *de vit. et mort. Eduard. II.* Auberi, hist. des Card. tom. 1, p. 410. Thom. Walsing. hist. d'Angl. Dictionn. eccl. canon. univ.

Rymer, ann. 1312, tom. 2, p. 15.

Duchene, hist. d'Angl. l. 14, ch. 10.

» Les légats, dit Duchene, envoyèrent quelques-uns de leurs clercs à » Wathamstede, où les milords étaient avec leurs armées, leur présenter des » lettres du Pape touchant la paix et la tranquillité publique. Les milords » entendant que c'était des étrangers qui leur rapportaient certaines missives, » ils les reçurent paisiblement; mais ne voulurent prendre ni voir leurs lettres, » disant qu'ils n'étaient pas savans ni lettrés, ains seulement exercés aux armes » et à la milice; ce que les porteurs voyant demandèrent si c'était leur plaisir » de parlementer avec leurs maîtres, lesquels étaient nonces du Pape, et dési» raient les venir trouver en personne pour traiter et communiquer de la paix » avec eux : à quoi les milords répondirent qu'il y avait plusieurs bons et doctes » évêques au royaume, du conseil desquels ils voulaient user, non pas de celui » des étrangers qui ne savaient pas la cause de leur émotion; et dirent pré» cisément, en outre, qu'ils ne permettraient en aucune façon que nul étranger » ou forain s'entremît de leurs affaires ou d'aucune affaire qui leur importât ».

Ibidem. Révol. d'Angl.

Les légats ne se rebutèrent pas du peu de succès de leur première tentative; ils revinrent à la charge; ils parvinrent à rendre les seigneurs plus traitables, et à leur faire écouter des propositions de paix : ils leur représentèrent alors qu'ils passeraient pour ennemis du prince, si après avoir sacrifié son favori, ils persistaient encore à le pousser par la voie des armes : ils remontrèrent au roi qui était très-aigri de l'injure qu'il avait reçue, qu'il s'exposait à perdre quelque chose de plus que son autorité, s'il se rendait difficile pour la conclusion du traité. On fut touché de part et d'autre de ces justes considérations; l'accord fut fait et signé en présence des légats, de Louis de France, comte d'Evreux; du comte de Glocester; de Jean de Bretagne, comte de Richemont; du comte d'Herford; de Robert de Clifford, etc. *Transactus coram legatis papæ et aliis super discordiam in regem magnates occasione mortis Petri de Gaveston.*

Rymer, ann. 1312, t. 2, p. 21.

Les instructions des légats s'étendaient encore sur d'autres objets; ils demandaient la restitution des biens des Templiers dont les seigneurs s'étaient emparés, et dont le Pape voulait disposer en faveur des chevaliers hospitaliers de Saint-Jean de Jerusalem. La circonstance n'était pas favorable : les seigneurs qui croyaient avoir fait des sacrifices en accédant au traité de paix, refusèrent de se dépouiller, disant que l'intention de leurs auteurs avait été de donner ces terres aux Templiers et non aux Hospitaliers; que les premiers n'existant plus, chacun était rentré dans son droit de reprendre le bien de ses aïeux.

Révol. d'Anglet.
Auberi, hist. génér. des Card.

Pendant le séjour qu'Arnaud d'Aux fit en Angleterre, il fut pourvu de l'évêché d'Albane et honoré du chapeau de cardinal par une bulle de Clément V, donnée à Avignon le samedi des quatre-temps de l'Avent de l'année 1312. Sa légation le retint encore une grande partie de l'année suivante; et il eut, avant son départ, la satisfaction de voir la bonne intelligence entièrement rétablie entre le roi et les seigneurs, et d'être témoin de tout le crédit que la reine avait pris sur l'esprit du roi depuis qu'elle lui avait donné un fils. Les seigneurs anglais témoignèrent à Arnaud la plus vive reconnaissance des services qu'il leur avait rendus; et le roi qui l'aimait véritablement, et qui lui accordait sa juste confiance, comme nous aurons occasion de le faire connaître, le vit partir avec le plus grand regret : il lui fit expédier, avant son départ, des lettres dans lesquelles il rappelle les soins infinis que le cardinal d'Aux s'est donnés pour l'avantage de sa couronne et celui de la nation, les conseils salutaires qu'il en a reçus, et recommande à tous ses amis et fidelles serviteurs qu'ils s'empressent de lui procurer toute sorte de commodités pour son retour et celui de sa suite.

Odor. Rainalo.
Baluz., tom. 1, p. 652.
Hist. eccl., tom. 19, p. 226.
Dict. eccl. canon. univ. art. Poitiers.
Victor., p. 847.
Auberi, hist. gén. des Card.
Gallia Christ. 1a. et 2a.
Gallia Purp.
Bernard. Guid. in 4a. *vita Clem. V.*

Rymer, ann. 1313, p. 54.
A. 7, c. 2, par. 7, c. 2, m. 5, p. IX, II, 451.

Le cardinal d'Aux après avoir séjourné environ dix-huit mois en Angleterre, en partit au mois de décembre de l'année 1313, et arriva à Paris dans le mois de janvier suivant. Il rendit compte au roi Philippe des diverses commissions dont il l'avait chargé et de toutes les difficultés qu'il avait eues à surmonter. Il se rendit ensuite à la cour de Rome pour remplir le même objet auprès du Pape, à qui il fit agréer la résignation de son évêché de Poitiers en faveur de Fort d'Aux, son neveu. Il donna à ses deux autres neveux,

Baluz. *Vit. Pap. Aven.* tom. 1, p. 669.
Odor. Rainal., p. 652.

Gallia Christ. 1a. et 2a.
Dict. eccl. canon. univ. art. Poitiers.

Pierre-Raymond et Guillaume d'Aux, le doyenné, l'abbaye de Notre-Dame la Grande et la chantrerie de Poitiers.

Édouard s'étant convaincu de tout le zèle du cardinal d'Aux, qui, avant son départ de l'Angleterre lui avait renouvelé ses protestations d'un attache-
Rymer, ann. 1314, p. 468. ment inviolable à ses intérêts et à ceux de la nation, en conçut la plus vive reconnaissance, et voulut lui en donner les marques les plus authentiques. Quoique absent, il l'admit à son conseil par lettres patentes du 27 janvier 1314, datées de Windsor, dans lesquelles le roi, après avoir rappelé les avis salutaires et les services importans rendus par le cardinal d'Aux à lui personnellement et à ses sujets, et combien il espère en recevoir dans les suites, lui assigne une pension annuelle de 50 marcs. Cette somme n'ayant pas
Ibidem. Ann. 1318, p. 697. été exactement payée tous les ans, le roi en fit acquitter trois années d'arrérages le 7 mars 1318. La confiance d'Édouard ne fut pas trompée dans son attente; le cardinal d'Aux prit vivement à cœur toutes les affaires d'Angleterre qui devaient être suivies à la cour de Rome : les personnes qui en étaient chargées lui étaient adressées et recommandées par Édouard, qui entretint avec lui une correspondance suivie de lettres, qui ne fut interrompue que par la mort du cardinal. Comme il serait superflu de rapporter toutes les lettres d'Édouard, et d'entrer dans un détail circonstancié des diverses négociations dont il chargea le cardinal d'Aux, nous nous bornerons à mettre sous les yeux du lecteur l'intitulé et l'extrait de quelques-unes, pour le mettre à portée de juger combien Édouard l'affectionnait, et combien il comptait sur la bonne volonté du cardinal lorsqu'il s'agissait de lui rendre service.

Lettres d'Édouard, roi d'Angleterre,

Au révérend père en Christ le seigneur Arnaud d'Aux, cardinal, évêque d'Albane, notre très-cher ami.

Édouard, par la même grâce, roi, etc.; salut.

Rymer., ann. 1314, p. 472. Du 7 février 1314, lettre de recommandation en faveur d'Olivier de Bourdeaux, Loup et Guillaume, ses frères.

P. 480 et 81. 1314. Deux lettres concernant la province de Guienne, et recommandation en faveur d'Alexandre de Bikenor, élu pour occuper le siége de Dublin, M.re Raymond Sobiran et M.re André Sapit, ses nonces.

P. 534. 1315. Lettre concernant l'élection du pape.

Ann. 1316., *Eduard. II.* 1316. Lettre de recommandation en faveur de Jean, évêque de Norwich, de Jean, évêque d'Ely, et d'Amedée de Savoie, ses nonces, chargés de traiter avec le cardinal d'Aux des affaires très-importantes.

P. 554, 557, 607 et 8, 615, 690. 1316 et 1317. Cinq lettres en faveur de Guillaume de Melton, qui avait été élu archevêque d'Yorck, et qui était noirci à la cour de Rome par des gens mal-intentionnés.

1317

1317. Lettre pour des affaires très-importantes, et recommandation en faveur d'Antoine Pessaigne, son sénéchal de Guienne. P. 667.

1317. Lettre en faveur de Jean, prieur provincial de l'ordre de la Ste. Vierge du Mont-Carmel, et Guillaume, prieur du même ordre, qui vont résider auprès du Pape.

1318. Lettre pour obtenir des dispenses de la cour de Rome pour le mariage d'Édouard, son fils, avec Marguerite, fille du comte de Hollande. P. 747.

1318. Lettre concernant la pluralité des bénéfices. P. 691.

1319 et 1320. Deux lettres pour demander la nomination d'Henri de Burghast à l'évêché de Lincoln. P. 796, 821.

1320. Deux lettres de recommandation en faveur de A., évêque d'Herfort; Edmond de Wodestok; Hugon de Spenser, et Barthelemi Badelesmere, ses nonces, et pour les affaires desquelles ils sont chargés. P. 823.

1320. Lettre de recommandation en faveur de Roger de Northurg, pour lui obtenir le chapeau de cardinal. P. 850.

Quoique le cardinal d'Aux fût tenu par son état à des dépenses de représentation, soit à la cour de Rome, à celle de France, à celle d'Angleterre, il les fit toujours avec magnificence; mais avec un ordre réglé et une sage économie. Ses revenus étaient considérables; il joignait à la pension d'Édouard le produit de son patrimoine : né de parens riches, il possédait une partie de leur fortune; pourvu de gros bénéfices, il fit un digne usage des sommes qu'il en retira : il les employa au soulagement des pauvres et à des fondations, laissant à sa postérité des marques insignes de sa piété et de sa dévotion. Il fit bâtir à la Romieu, au diocèse de Condom, une belle église avec deux notables tours de belle architecture, dont l'une étant à un bout sert de sacristie, et au-dessus sont les archives; et l'autre au-devant soutenue de quatre arcades percées à jour, forme le clocher de ce sanctuaire, proche duquel il fit construire un ample cloître fermé de fortes murailles presque égales en hauteur à celles de l'église, en laquelle on voyait encore de nos jours une tribune élevée pour servir de chœur, et portée sur deux arcs de pierre d'une longueur extraordinaire, et si bien faits que les plus habiles maîtres s'étonnaient du dessein et admiraient la hardiesse de l'ouvrage. Dans la même enceinte le cardinal d'Aux fit bâtir pour son habitation un superbe palais, orné de belles cours, lequel il fit entourer de murs aboutissans à ceux de la ville, et qui enferment la maison du doyenné et l'église paroissiale. Ces ouvrages étaient finis en 1314, comme nous l'apprenons par les lettres patentes d'Édouard, de la septième année de son règne, lesquelles furent expédiées à la réquisition du cardinal d'Aux, pour lui permettre de doter l'église qu'il venait de faire construire de mille livres de petits tournois de rente, afin que le service divin y fût fait avec décence; d'acheter à cet effet des bien-fonds dans le duché

Gallia Purp., p. 282. *Gallia Christ.* 1a. et 2a. Auberi, tom. 1, p. 410. Duchene, histoire des Card. Franç. liv. 2. Baluz. tom. 1, p. 669.

Archives du Chapitre de la Romieu.

de Guienne, de donner les siens propres, et d'accepter ceux de ses parens, ou ceux de tels autres qui voudraient coopérer à cette bonne œuvre, et le tout sans payer des droits au roi-duc, ni à ses successeurs.

Mais ce n'était pas assez d'avoir érigé un temple en l'honneur de Dieu, il fallait y établir des ministres pour chanter ses louanges et le servir; c'est à quoi le cardinal d'Aux travaillait de longue main, ayant en vue de fonder un chapitre collégial : mais avant de faire le rapport de la fondation qu'il en fit, voyons les moyens qu'il employa pour pourvoir à la subsistance des bénéficiers qui devaient le composer.

Le prieuré des bénédictins de la Romieu, quoique d'un revenu très-mince, était un objet essentiel, dont la réunion à l'église de St.-Pierre nouvellement construite était indispensablement nécessaire, soit par la proximité des deux églises, soit par le conflit des divers intérêts qui auraient pu les diviser. Toutes ces conséquences avaient été prévues, et la réunion de ce prieuré projetée; *Ibidem.* à cet effet le cardinal d'Aux, par l'entremise de Pierre d'Aux, son neveu, qui se rendit à Marseille, traita avec l'abbé, les religieux et couvent du monastère de St.-Victor, pour la vente du prieuré de la Romieu qui en était dépendant, moyennant la somme de deux mille florins d'or de Florence : les parties étant d'accord, le Pape Jean XXII ordonna une enquête présidée par des cardinaux, pour savoir quels étaient les revenus dudit prieuré, et s'il serait avantageux d'en faire la réunion à l'église St.-Pierre. L'enquête fut faite, les cardinaux firent leur rapport, et dirent que le prieuré produisait à peine cent florins de *Ibidem.* rente; qu'il était insuffisant pour fournir à l'entretien d'un prieur et d'un religieux; qu'étant éloigné de Marseille, les bons sujets faisaient difficulté de s'expatrier, et que le service divin gagnerait à l'union projetée. Sur le rapport des commissaires, le pape ordonna la remise des deux mille florins d'or convenus entre les mains de Rainald Lotornigni, de Jean Bardes et de Lippe de Tegnes, négocians de Florence, domiciliés à Marseille, qui devaient garder ce dépôt jusqu'à ce que ledit monastère trouvât une occasion favorable de faire l'achat de quelque effet utile. La consignation étant faite, le pape, *Ibidem.* par sa bulle du 22 décembre 1317, donna son consentement à la vente et prononça la sécularisation du prieuré de Notre-Dame de la Romieu, et son union à l'église de St.-Pierre dudit lieu.

Ibidem. La publication de cette réunion fut faite le 6 de janvier de l'année 1318, dans l'église paroissiale de la Romieu avec toute la pompe et dignité qu'exigeait une pareille cérémonie, et le rang auguste des ministres qui en faisaient les fonctions. Fort d'Aux, évêque de Poitiers, assisté des prélats voisins et d'un nombreux clergé, célébrait la messe de paroisse; à l'issue du premier évangile, le cardinal d'Aux, son oncle, monta en chaire, prononça un discours analogue *Ibidem.* au sujet, et fit la promulgation de cette union. Le procès verbal qui en fut dressé existe en original dans les archives du chapitre de la Romieu.

Le cardinal d'Aux, toujours occupé de l'objet de sa fondation, acheta à Guiraude de Liet la dixme de Ste. Magdelaine du Hautmont, au diocèse de Condom; à la comtesse de Sept-Sols, femme du seigneur de Ligardes, la dixme des grains et du vin de St.-Saturnin-Pungolin, au diocèse de Lectoure; à la dame Seguine de Galan des fiefs en la paroisse de Goubbés : il acheta encore les dixmes de Goubbés, de Rouede, de St.-Medard, de Vinsac, et nombre de fiefs en la paroisse de la Romieu; et comme tous ces objets n'étaient pas suffisans pour doter un chapitre, il joignit encore à toutes ces acquisitions une grande partie de ses biens patrimoniaux, fit un démembrement considérable de la seigneurie de Montpelier, et engagea ses neveux laïques à se dépouiller d'une partie de leurs biens pour grossir la dot de la fondation.

Ibidem.

Après douze ans de soins et de travaux infinis, le cardinal d'Aux était enfin parvenu au point désiré; il avait fait construire l'église de St.-Pierre de la Romieu avec tous ses bâtimens, le logement qu'il destinait pour ses chanoines, un palais pour lui; il avait acheté, fait séculariser et unir à son église le prieuré de Notre-Dame; il avait à sa disposition des biens considérables pour en doter les ministres : il fallait encore les y établir solidement et à perpétuité; c'est ce qu'il fit. Il donna à Avignon, le 30 juillet 1318, un acte de fondation, dont telles sont les principales dispositions : il fonde dans l'église de St.-Pierre de la Romieu un chapitre collégial composé d'un doyen dignitaire, d'un sous-doyen, d'un chantre, d'un sacriste, d'un ouvrier et de quatorze chanoines; lesquels doivent vivre en commun jusqu'à ce que par les effets de la Providence les revenus soyent devenus suffisans pour faire vivre décemment les bénéficiers, chacun dans son particulier, du produit de sa prébende, sous le bon plaisir et consentement du patron et du doyen. Pour occuper ces bénéfices, le fondateur exige que les sujets soyent prêtres, ou se fassent promouvoir dans le cours de l'année. Il veut aussi que le nombre puisse en être augmenté par les patrons laïques, ses successeurs, si les facultés de son chapitre viennent à s'accroître. Il donne en dot à son église tous ses biens patrimoniaux, meubles et immeubles, n'en réservant qu'une très-petite partie pour les patrons laïques, ses successeurs; de plus, tous ceux qu'il tient de ses proches parens laïques de son nom, par le puissant secours desquels il est parvenu à mettre la dernière main à cette fondation : il donne encore tous les biens qu'il a acquis, de quelque nature qu'ils soyent, et quelque part qu'ils soyent situés. Il joint à tous ces dons le prieuré de Notre-Dame de la Romieu, qu'il a acheté avec toutes ses appartenances et droits tant spirituels que temporels; lequel il a fait séculariser et unir à son église de St.-Pierre par autorité du S.t Siége : pour faciliter et hâter le service divin, il pourvut son église de toutes les choses nécessaires, dont il fait une longue énumération, de croix d'argent et de vermeil, de calices d'argent et de vermeil, de grand nombre de reliques

Archives du Chapitre de la Romieu,
Et de Rouquetes.
Insinuations ecclésiastiques de Condom.

contenues dans des châsses d'argent, de tous les ornemens ecclésiastiques, des livres cantoraux, des cloches, etc. Le cardinal d'Aux réserva pour lui, sa vie durant, le droit de patronage et de nomination à tous les bénéfices de son église, réversible après sa mort à ses héritiers laïques de son nom et à leurs descendans mâles.

Cette fondation fut confirmée et autorisée par le diocésain Raymond de Galard, premier évêque de Condom, qui y donna son approbation, de l'avis et exprès consentement de son chapitre capitulairement assemblé, le 2 octobre 1318, à la réquisition de Pierre de Verdala, archiprêtre de Carcassonne; de Pierre-Raymond d'Aux, abbé commendataire de Notre-Dame la Grande, et doyen de Poitiers et chapelain du Pape; et de Guillaume d'Aux, chantre de l'église de Poitiers et camérier du Pape, tous les deux neveux du cardinal d'Aux, et ses procureurs-fondés.

Ibidem.

Après avoir juridiquement rempli toutes ces formalités, et donné à sa fondation toute la solidité possible, le cardinal d'Aux transporté de zèle pour le service divin, ne perdit pas un moment pour peupler son église, dont il distribua tous les bénéfices à des prêtres séculiers.

Le chapitre de la Romieu n'était pas encore fondé, quand Mre Hugon de Lupiac, chanoine de l'église Ste.-Radegonde de Poitiers; noble Pierre d'Aux et Mre Jean de Rouede, procureurs-fondés du cardinal d'Aux, seigneur de la Romieu, reçurent le 18 décembre 1317 le serment de fidélité qui lui était dû à ce titre par les consuls et communauté de la Romieu.

Archives du Chapitre de la Romieu.

Dans le cours de l'année 1318, il vint à Avignon des frères prêcheurs envoyés par Marie de Hongrie, reine de Sicile, veuve du roi Charles le boiteux, et de la part de son fils le prince de Tarente, qui remirent au Pape des lettres, et exposèrent combien la reine, le prince son fils, les seigneurs Siciliens et l'université désireraient la canonisation de Thomas d'Aquin. Le Pape en fit la proposition au premier consistoire, et dit aux cardinaux : » nous estimerons » fort glorieux à nous et à notre église de pouvoir canoniser ce saint, pourvu » qu'on puisse trouver quelque miracle; parce qu'il a plus éclairé l'église que tous » les autres docteurs, et un homme profite plus dans ses livres en un an que » dans tous les autres en toute sa vie ». Les cardinaux étant du même avis, le Pape commit trois d'entr'eux pour informer sommairement en cour de Rome de la vie et des miracles de frère Thomas. Arnaud d'Aux, Guillaume de Teste et Guillaume Long furent les trois commissaires qui procédèrent à cet examen.

Marti. Bollendian. tom. 1, p. 687.
Baluz. tom. 1.
Hist. Eccl. tom. 19, p. 335.

Dans l'année suivante, le cardinal d'Aux procéda, avec les cardinaux Guillaume de Teste et Luc de Flisque, à la confirmation de la cause du bienheureux Lamprede, de Zurich.

Joann. Lucius in Memor. Tragur. tom. 1, p. 687.
Baluz. tom. 1.

Toujours réglé dans sa conduite comme dans ses mœurs, le cardinal d'Aux voyant de sens froid les approches du terme de sa carrière, voulant écarter toute discussion entre ses proches, gratifier tous ceux qui l'avaient servi, favoriser les pauvres et donner une ferme consistance à l'église qu'il avait fondée, et qu'il voulait enrichir de nouveaux bienfaits, s'il en avait eu le temps, fit son testament à Avignon le 23 août 1320. Il voulut que son corps, après sa mort, fut transporté dans l'église collégiale St.-Pierre de la Romieu, dont il était le fondateur et patron. Il nomma pour ses exécuteurs testamentaires, pour tout ce qui concernait la cour de Rome, le seigneur Berenger, évêque de Porto; le seigneur Guillaume, cardinal prêtre du titre de St.-Cyriaque; et les vénérables hommes Pierre de Verdala, abbé de Morolio, au diocèse de Maillesais; Raymond de Soubiran, doyen de Montréal, au diocèse de Carcassonne; et Guillaume d'Aux, son neveu; tous employés à la cour de Rome: et pour les biens qui se trouvaient à la Romieu, ou par tout ailleurs, excepté à la cour de Rome, il nomma pour ses exécuteurs testamentaires le seigneur Fort d'Aux, évêque de Poitiers, son neveu; et le prieur des frères prêcheurs de Condom. Il légua la somme de mille florins d'or pour être employée à la récompense de ses serviteurs et à des œuvres pies. Il institua pour ses héritiers au droit de patronage laïque du chapitre St.-Pierre de la Romieu Géraud d'Aux, fils de défunt Guillaume d'Aux, frère du testateur, et Arnaud d'Aux, fils de feu Pierre d'Aux, lequel était neveu du testateur; voulant qu'ils nomment à l'alternative à tous les bénéfices vacans: et au cas que l'un des deux ou de leurs descendans viendra à mourir sans enfans mâles, il substitue le droit de l'un à l'autre; et le cas de réunion du droit de patronage arrivant dans l'une des deux branches, il en prohibe désormais la division; et à défaut de mâles de la maison d'Aux, il veut que le patronage et nomination des bénéfices soit dévolu à son chapitre.

Archives du Chapitre de la Romieu,
Et de Rouquetes.
Insinuations ecclésiast. de Condom.

Le cardinal d'Aux voyait que la réunion ne tarderait pas à avoir son effet; Géraud n'avait point d'enfant: elle arriva, comme il l'avait prévu; Pierre d'Aux, fils d'Arnaud, réunit en 1325 les deux portions du droit de patronage qui a été transmis de père en fils à François d'Aux, actuellement patron.

Telles furent les volontés du cardinal d'Aux, qui ne se laissa point entraîner au penchant qu'ont les ecclésiastiques d'enrichir leur famille; il en avait bien les moyens: il avait à sa disposition les revenus considérables de ses bénéfices et de son patrimoine, ceux de la papauté et de l'Église romaine, qu'il tint pour sacrés, et dont, en qualité de Camerlingue, il géra les revenus jusqu'à sa mort, et la pension que le roi Édouard lui faisait de cinquante marcs; et si la place éminente qu'il occupait et les grandes occasions qu'il eut de se montrer avec éclat, lui permettent de faire quelques épargnes, il les consacre au service de Dieu, au culte des autels et au soulagement des pauvres. Il aima ses parens; il fut attaché à son nom; il en favorise tous les mâles qui sont à naître jusques dans les siècles les plus reculés : il ne leur laisse point des biens fragiles sujets à la dissipation d'un prodigue, qui aurait anéanti la mémoire d'un bienfait dont il ne resterait plus de traces; il transmet à l'aîné des mâles le droit immuable de peupler son église de ministres qui en remplissent dignement les fonctions, et qui tendent sans cesse leurs bras vers le ciel pour implorer la miséricorde de Dieu sur la race de leur bienfaicteur.

Plusieurs causes concoururent à son élévation ; sa naissance, ses vertus, son profond savoir, principalement dans le droit canon ; l'élévation de son génie, le don de la parole, ses talens pour la négociation, qu'il eut occasion de développer avec éclat devant les plus puissans princes de l'Europe, et l'intime liaison qu'il entretint avec Clément V, son cousin.

Gallia Christ. 1a. et 2a. Auberi, hist. des Card. Duchene, hist. des Card. franç. liv. 2, ch. 49, pag. 380. et suiv.

Il avait ordonné par son testament que son corps, après son décès, serait inhumé dans l'église de la Romieu qu'il avait fondée; ce qui fut exécuté : et son corps fut apporté d'Avignon, où il avait payé le tribut à la nature, et déposé dans un tombeau en forme de voûte creuse dans la muraille de l'église Saint-Pierre, à la droite du grand autel. Sur son tombeau était en relief et au naturel, artistement élaborée en cuivre doré et azuré, la représentation dudit cardinal revêtu de ses habits pontificaux. Vis-à-vis était celui de Fort d'Aux, évêque de Poitiers; et de droite et de gauche, en-dessous, ceux de Pierre Raymond d'Aux, abbé de Notre-Dame la Grande et doyen de l'église de Poitiers, et celui de Géraud d'Aux, premier patron lai du chapitre de la Romieu. Ces quatre mausolées ont été enlevés dans les derniers troubles de la religion par Gabriel, comte de Montgomery, qui pilla l'église et y causa des ravages affreux; ce qui est justifié par le procès verbal qui en fut dressé.

Chapitre de la Romieu.

La plus saine partie des auteurs fixe l'époque de la mort du cardinal d'Aux au jour de Saint Barthelemi de l'année 1321; ce qui est prouvé par une bulle de Jean XXII, de la cinquième année de son pontificat *, dans laquelle il est fait mention de Vital, évêque d'Albane, successeur d'Arnaud d'Aux, cardinal. On trouve à l'officialité de Lectoure des lettres de l'année 1322, dans lesquelles il est fait mention d'Arnaud d'Aux, évêque d'Albane, cardinal, comme étant mort. Nous savons néanmoins que quelques-uns prétendent, sur la foi d'une vieille inscription, qu'il poussa sa carrière jusqu'en 1327. Remontons à l'origine de cette erreur, et nous verrons ce qui peut y avoir donné lieu.

Gallia Christ. 1a. et 2a. Baluz. tom. 1.

Ibidem.

Duchene, histoire des Card. franç. liv. 2, p. 380 et suiv. Preuves, p. 272.

Arnaud d'Aux, de son vivant, fut peint à fresque sous le frontispice du jubé de l'église de Poitiers, ainsi que Fort, Pierre-Raymond et Guillaume d'Aux, ses neveux; et après leur mort on inscrivit des vers latins au bas de leurs portraits; mais l'injure des temps ayant un peu effacé l'inscription, elle

* Clément V mourut en 1314, le siége demeura vacant pendant deux ans, et Jean XXII fut élu le 7 août 1316.

fut rétablie par les soins de messire Henri Chateignier de Laroche-Posay, alors évêque de Poitiers, qui la fit graver sur des lames d'airain ornées de reliefs en marbre, et les fit placer au même lieu où était l'ancienne inscription. Il est à présumer qu'on suppléa en partie les vers qui fixent les dates; ce qui forme l'erreur. Nous apprenons par ces inscriptions les qualités et les mérites de ces quatre ecclésiastiques.

ARNAUD D'AUX, successivement évêque de Poitiers et d'Albane, cardinal de la Sainte Église Romaine.

Arnaldus meruit pictavis pontificari,
Et tandem voluit Deus ipsum cardinalari,
Qui verum compos prudens multum perhibetur:
Fortius indè nepos pictavis præsul habetur.
Anno milleno ter centum terque noveno
Obvia venit ei festo Bartholomei.

Gallia Christ. 1a. et 2a. Duchene, histoire des Card. franç.

FORT D'AUX, évêque de Poitiers, successeur d'Arnaud, son oncle.

Ecce figuratus est Fortius iste vocatus,
Præsul pictavis sanctæ fidei bona clavis,
Et fulgens stella, per quem fuit ista capella
Hìc benè fundata cùm redditibus situata.
Anno milleno ter centum ter duodeno
Pingitur, efficitur præsens opus atque politur.

Ibidem.

PIERRE-RAYMOND D'AUX, doyen de l'église de Poitiers, abbé de Notre-Dame la Grande, chapelain du Pape.

Petrus-Raymundi fugiens à limite mundi,
Mente sua sanus pictavis quippe decanus:
Hic in honore piè fecit hoc altare Mariæ;
Sit tibi recta via paradisi Virgo Maria.
Anno milleno ter centum ter duodeno,
Mauricii festo lector memor esto.

Ibidem.

GUILLAUME D'AUX, chantre de l'église de Poitiers, camérier et chapelain du Pape.

Istius ecclesiæ succentor qui fuit iste,
Cujus fons veniæ miserere precor, bone Christe.
Ecce trium fratrum picturas, ecce senatum;
Deprecor hos pone Deus in cœli regione.
Anno milleno ter centum terque noveno;
Mors sua nempè die fuit antè Matthiæ.

Ibidem.

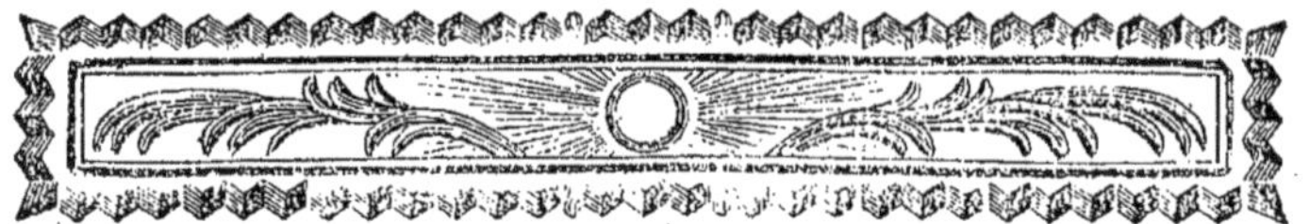

MÉMOIRES
DE LA VIE DE MATHURIN DE LESCOUT, SURNOMMÉ ROMEGAS,

Chevalier de l'Ordre de Saint-Jean de Jerusalem, Grand Prieur de Toulouse et d'Irlande, Général des Galères de la Religion, Lieutenant du Magistère.

MATHURIN DE LESCOUT, plus connu sous le nom de ROMEGAS, qu'il rendit célèbre, était fils de Jean d'Aux de Lescout, écuyer, seigneur de Romegas et de Mansonville, et de Berande de Beauville, fille de noble homme Jean de Beauville, seigneur de Massanes en Agenois; il était petit-fils de Jean d'Aux de Lescout, seigneur de Romegas et de Mansonville, et de noble Louise de Malvin; et arrière-petit-fils de Guillem d'Aux de Lescout, damoiseau, seigneur de Lescout, le cinquième patron lai de l'église collégiale Saint-Pierre de la Romieu, et de noble Catherine de Marrens.

Archives de Ronquetes. Preuves de Malte. Cabinet des Ordres du Roi.

Mathurin de Lescout, après avoir justifié de sa noblesse, fut reçu chevalier de l'ordre de Saint-Jean de Jerusalem le 16 décembre 1547, et fut profès le 20 du même mois. Il partit de suite pour Malte, et se consacra au service de la religion: il la servit avec gloire, l'enrichit de ses prises, et fit respecter son pavillon sur toute la méditerranée.

Archives du Grand Prieuré de Toulouse. Vertot, tom. 4, liste des Chev. de la Langue de Provence.

Après avoir fait ses premières armes en sous-ordre, il manqua de périr en 1555 par un ouragan furieux que les mariniers de ce temps nommaient Typhon ou Siphon, qui s'éleva dans le port de Malte à sept heures du soir, lequel abyma plusieurs vaisseaux, en poussa quelques-uns hors de l'eau, mit en pièces les brigantins et galiotes, et renversa quatre galères, les carènes en haut et exposées à l'air, en sorte que la plupart des officiers furent noyés ou écrasés par la pesanteur de ces bâtimens. Le lendemain, le grand maître Claude de la Sangle entendant du bruit qui partait d'une galère renversée, la fit percer et relever quelques planches, « et en sortit, dit Jean Baudoin, premièrement un singe, » et après le chevalier de Lescut surnommé Romegas; Dieu le préserva de ce » danger, l'ayant destiné pour le rendre illustre et fameux comme il le fut du » depuis ».

J. Baudouin, hist. de S. J. de Jerus. liv. 14, chap. 9, p. 431. Vertot, liv. 12.

J. Baudouin, hist. de S. J. de Jerus. liv. 15, pag. 117 et suiv.

Le bruit s'étant répandu à Malte que les Turcs avaient dessein d'assiéger de nouveau Tripoli, le grand maître fit solliciter des secours étrangers, et se proposa d'armer de ses propres fonds dix galères, comptant sur les deux de Charles Strozzi qu'il voulait prendre à sa solde. Il envoya Romegas à Messine avec les deux galères du commandeur de Beynes, qui étaient revenues du Levant avec des bonnes prises, et le chargea de ramener à Malte la galère le Saint-Gabriel dont il lui destinait le commandement. La Couronne était montée par le commandeur de Beynes, et la Sainte-Marthe par Romegas. Ces deux galères faisant route vers Saragosse, furent découvertes par Barberousse et Jonus de Souvassari, qui avaient chacun la sienne : ils se cachèrent à la pointe du golphe de Benedicari, où, à l'entrée de la nuit, ils surprirent et chargèrent si inopinément les Maltais, que les soldats furent hors de combat avant que les capitaines eussent le temps de se reconnaître. Ils avaient déjà pénétré bien avant de la Sainte-Marthe, et c'en était fait de cette galère, si Romegas à la tête de cinq ou six chevaliers armés de hallebardes ne les eut chargés si brusquement qu'il les en chassa tous. Le commandeur de Beynes ayant eu le temps de se préparer, et considérant que la partie était égale, conçut à son tour le dessein de s'emparer des galères turques; à cet effet faisant ses dispositions, il fut atteint d'un coup d'arquebuse dont il fut dangereusement blessé. Le combat fut opiniâtre : la Couronne, qui avait déjà perdu beaucoup de monde, eut l'avantage d'entr'ouvrir la galiote turque qui lui était opposée, par un coup de sacre qu'elle lui tira contre la ceinture. Alors Jonus averti par un signal que sa conserve allait couler à fond, se fit échouer; et ses soldats, profitant des ténèbres, se sauvèrent dans les bois où ils furent tous tués le lendemain par un détachement que le grand maître y envoya et par le peuple de Catavia. Cependant la blessure du commandeur de Beynes devenait tous les jours plus critique; son mal empirait, et il était en grand danger de mort. Romegas craignant que le seigneur du Châtelet se saisirait des deux galères pour les ramener en France, en avertit le grand maître, qui y envoya le commandeur de Maldonat avec quatre galères pour se saisir des deux du commandeur de Beynes qui venait d'expirer, et de la galiote turque qu'on venait de radouber, et qu'on considérait comme butin appartenant à la religion.

Ibidem.

Sur ces entrefaites, le grand maître reçut des avis très-alarmans; il fut averti par des renégats que Soliman faisait des grands préparatifs qu'on croyait destinés pour le siége de Malte : il cita les prieurs, commandeurs et chevaliers pour qu'ils eussent à se rendre au couvent, et contribuer aux dépenses urgentes de l'ordre; et pour s'éclaircir de la vérité de cet avis, il dépêcha au levant les chevaliers d'Andrade sur la Sainte-Foi, et Romegas sur le Saint-Gabriel; le commandement et l'étendard furent dévolus à d'Andrade, et Romegas eut les gaillardets. Leur voyage fut pénible, long et périlleux; ils

Ibidem.

parvinrent à être instruits du détail des préparatifs formidables que Soliman faisait, et de leur destination pour le siége de Malte, et en firent passer l'avis au grand maître de la Valette, qui ne négligea rien de tout ce qui put contribuer à une bonne défense. Les fortifications, par son ordre, furent mises dans le meilleur état ; la place fut généralement pourvue tant des munitions de guerre que de bouche ; les bouches inutiles furent renvoyées avec d'autant plus de raison, que la consommation devenait de jour en jour plus considérable par l'arrivée des chevaliers et des gentilhommes volontaires qui y accouraient de toutes parts. Toutes ces précautions contribuèrent à établir une confiance entière dans le chef de la part de ceux qui devaient défendre la place, qui eurent encore une assurance d'être secourus par une armée navale que le roi d'Espagne faisait assembler en Sicile, assez forte pour combattre celle des Turcs. Le commandeur de Guimeran fut envoyé en Sicile à la tête de ses sept galères jointes à celles de la religion, pour aller combattre Dragut ; et Romegas, de retour du levant, commandant le Saint-Gabriel, passa en Barbarie. Chemin faisant, il combattit un caramoussali turc d'Osman Rais, qui se défendit avec tant d'obstination, que Romegas fut contraint de le couler à fond : peu à près il en rencontra un autre de Ramadan de Lépante, richement chargé, dont il s'empara. *Ibidem*, chap. 10, pag. 161 et suiv.

Les galères de la religion étant rentrées dans le port de Malte le 4 du mois d'août 1561, n'y restèrent pas long-temps oisives. Le grand maître voyant que l'armée navale du roi d'Espagne n'était pas encore prête, fit partir le 29 du même mois les cinq galères de la religion et la sienne commandée par Romegas, pour faire des courses sur la côte de Barbarie : elles s'emparèrent sur leur route de deux vaisseaux richement chargés, avec lesquels elles rentrèrent à Malte, excepté Romegas, qui, après ces expéditions, prit congé du général le 11 septembre, et avança dans le levant jusqu'aux bouches du Nil, où il saccagea quelques vaisseaux, en prit un, et fut instruit par les Turcs qui le montaient que trois galères d'Alexandrie étaient attendues dans peu ; il prit en conséquence la route de la Cilicie, s'empara de quelques vaisseaux, en prit un de force chargé de savon, l'amarina, et l'envoya à Malte. Il fit rencontre, entre Scandeloro et l'Allia, d'une grande et belle germe du Rais d'Ormus de Statulia que les vents avaient séparée de sa caravane ; elle était montée de cent cinquante Turcs et de quatre-vingt-dix Nègres, tous bien armés, et remplie de bonnes marchandises valant plus de cent mille sequins. Les Turcs voyant la galère seule, cachèrent leur monde, et se laissèrent approcher pour avoir plus de facilité de la surprendre et de l'aborder à l'improviste ; mais Romegas ayant fait tomber en mer d'un coup de canon de corsier un Turc qui se sauvait à la nage, le recueillit sur sa galère et apprit de lui tout ce qui se passait dans la germe turque : il jugea que si ses soldats voulaient *Ibidem*, chap. 11.

se prêter à assaillir vigoureusement ce puissant vaisseau, il parviendrait à s'en rendre maître; mais voyant que les forçats se mutinaient et commençaient à se révolter, il se contenta de combattre à coups de canon. Les Turcs, après avoir perdu beaucoup de monde, voyant l'arbre et le timon rompus, et le corps de la germe percé en plusieurs parts sous l'eau, se jetèrent dans la barque de poupe pour gagner d'autres barques qui partaient du château pour les secourir; d'autres se précipitèrent dans la mer pour se sauver à la nage; d'autres enfin furent si obstinés qu'ils aimèrent mieux se noyer que de se rendre. Romegas laissa aller à terre les femmes, les vieillards et gens inutiles, parce qu'il était surchargé sur son bord de près de trois cents esclaves qu'il avait pris dans ce voyage; de ce nombre était Mehemet Bey, seigneur du Tinar et de Serés, lieutenant de Soliman, et gouverneur du Caire.

Ibidem, liv. 16, chap. 1, p. 468 et suiv. Vertot, hist. de Malte, tom. 3, liv. 12, p. 413.

Après ces expéditions, Romegas revint en Sicile, où il hiverna; et dès que la saison le permit, il se remit en mer, et nettoya entièrement le canal de Sicile d'une quantité de pirates qui l'infestaient; mais ce qui contribua le plus à rendre son nom fameux, ce fut la prise d'une grosse galiote d'une grande force, commandée par Issuf Concini, renégat calabrois, corsaire très-redouté sur toutes ces mers, et le tyran ou plutôt le bourreau des esclaves chrétiens. Il en avait dans sa chiourme deux cents, et deux cents cinquante soldats. La partie étant assez égale, le corsaire n'évita point le combat; les deux galères s'approchèrent, et après avoir reçu le feu l'une de l'autre, on en vint aux coups de main. Le combat se maintint long-temps avec un avantage égal, et sans qu'on put discerner quel en serait le succès. Romegas irrité d'une si longue résistance, se mit à la tête de ses plus braves officiers, se jeta dans la galiote l'épée à la main et franchit la rambade. Le corsaire le reçut avec le même courage et tua deux chevaliers de sa main; mais étant tombé sur un banc de sa chiourme d'un coup que lui porta Romegas, ses esclaves, pour se venger des mauvais traitemens qu'ils en avaient reçus, ne virent pas plutôt les Maltais maîtres du vaisseau, qu'ils firent passer le corsaire de main en main; chacun lui donnait son coup, plusieurs même, pour assouvir leur vengeance, le déchiraient avec leurs dents; il n'y en avait point qui ne voulut en avoir quelque lambeau, et avant qu'il fut parvenu au dernier banc, à peine en restait-il la moindre partie. « De cet exploit principalement, outre infinis, dit Jean Baudouin, le nom de Romegas fut rendu » si célèbre, que quand il entrait dans quelque ville ou bourg du royaume » de Naples et de Sicile, le peuple courait en foule de tous côtés pour le » voir passer et le connaître, et haussaient leurs voix au Ciel de ses louanges ».

J. Baudouin, liv. 16.

Romegas n'ayant plus d'ennemis à combattre dans les mers de Sicile, alla chercher dans le levant les occasions de signaler son courage, et d'enrichir son ordre; il partit avec la galère la Sainte-Marthe et une galiote neuve que le grand maître avait fait construire; il vint jusqu'à l'embouchure du Nil, et ne se hasarda pas de passer outre, parce que la galiote n'était bonne ni à la rame ni à la voile ; mais ne voulant pas s'en revenir sans avoir fait quelque prise, il fit une descente entre le cap Rissuto et Talinete, enleva trente arabes, et se remit en mer. Il prit à six mille de Malte un navire de Tripoli qui allait en Grèce, monté de vingt Turcs et de cent Nègres : il était chargé de très-bonnes marchandises dont le grand maître fit des présens au vice-roi de Sicile et aux cardinaux protecteurs de la religion.

Avant de passer outre, nous avons cru devoir rapporter ici un passage de l'abbé de Vertot, qui fait connaître quelles étaient les ressources de la religion, les grands hommes qui en étaient l'appui, et leur émulation à concourir à sa gloire.

« C'était dans cette vue que les galères de la religion étaient presque toujours en mer. Le grand maître, de ses revenus, en avait fait construire deux nouvelles ; les plus riches commandeurs, à son exemple, faisaient tous les jours et suivant leurs forces différens armemens. Jamais l'ordre n'avait été si puissant sur mer ; et ce qui le rendait sur-tout redoutable aux infidelles, c'est que ses différentes escadres étaient commandées par des chevaliers qui avaient vieilli dans le service, et dont la plupart auraient été capables de commander des flottes entières. Tels étaient alors le commandeur de Gozon-Melac, général des galères de la religion ; le commandeur de Guimeran, celui de Giou, d'Elbeynes, et les chevaliers de Tiange et de Lamote, tous excellens hommes de mer, et célèbres par leur valeur et leur expérience ; mais parmi ces capitaines aucun n'avait fait tant de prises et si considérables que le commandeur de Romegas, chevalier, qui, depuis sa jeunesse, avait fait la course ; personne ne connaissait aussi bien que lui les côtes, les ports, et jusqu'aux moindres cales qui se trouvaient le long de la mer méditerranée : d'ailleurs brave, intrépide, qui n'avait jamais connu le péril, et qui ne souffrait dans son bord que des officiers et des soldats d'une valeur aussi déterminée ; la vie qu'il passait presque entière à la mer lui avait donné un air farouche ». Vertot, liv. 12.

Cependant le bruit se confirmait que le grand armement de Soliman était fort avancé, qu'il avait pour objet le siége de Malte, et que les forces ottomanes allaient fondre sur la religion : le grand maître le savait en partie ; mais il ignorait quel était le nombre des troupes de débarquement qui devaient le combattre, et en quel état était la flotte qui devait les transporter ; il voulut en être instruit, et dans cette vue il fit partir Romegas et Lamote pour le levant. Ceux-ci, après avoir rempli l'objet de leur mission, firent voile vers Malte et rencontrèrent près de Lindo un navire chargé de vin pour Constantinople ; il fut attaqué, et le feu ayant pris aux poudres, il coula à fond. Ils rencontrèrent encore près de l'île de Scarpento, entre celle de

Ibidem. J. Baudouin, chap. 2, p. 470 et suiv.

Candie et celle de Rhodes, un galion de Satalie qui avait à sa suite une germe qui fut prise sans coup férir. Le galion était monté par le rais Seyd Mahamet-Rigli, capitaine qui ne manquait pas de valeur, et qui avait même sur son bord grand nombre de braves soldats accoutumés au feu. Romegas n'avait alors que deux galères qui appartenaient au grand maître, et dont le chevalier de Lamote commandait la moindre. Celui-ci, dont la galère était plus légère, commença le combat : Romegas étant survenu s'approcha du galion, et après l'avoir examiné et vu son tillac couvert de mousquetaires et l'artillerie bien servie, il jugea sans peine que deux galères comme celles qu'il commandait, s'il ne changeait l'ordre de son attaque, n'emporteraient pas ce superbe vaisseau, qui, par sa hauteur et en comparaison des galères, paraissait un château flottant en état de se défendre contre dix ; mais comme les chevaliers ne comptaient jamais le nombre et les forces de leurs ennemis, et que de son caractère Romegas aurait mieux aimé périr que d'abandonner l'entreprise, il prit le parti de battre de loin cette grosse caraque ; heureusement un calme étant venu qui l'arrêta, les deux galères à la faveur des rames s'en approchaient, faisaient leur décharge, et s'éloignaient, et après avoir rechargé revenaient ensuite avec la même légéreté. Romegas profitant de la bonace, continua cette manœuvre si long-temps, que le galion, après avoir perdu beaucoup de monde par les coups de coursier, fut obligé de se rendre. Les chevaliers entrèrent dedans et le trouvèrent chargé de riches marchandises ; mais à peine ils commencèrent à s'en rendre les maîtres, qu'il coula bas des coups qu'il avait reçu dans ses œuvres mortes. Tout ce qu'on put faire, fut de sauver l'équipage, parmi lequel on trouva un vénérable vieillard nommé Aimar Mustapha, Sangiac du grand Caire, et près de six cents Turcs, Maures et Nègres, qui tenaient comme lui la route de Constantinople.

Ibidem. Les succès continuels du commandeur de Romegas en imposaient si fort aux corsaires, que pendant qu'il était à portée, la Sicile était dans une parfaite tranquillité ; et dès qu'il s'éloignait, ils revenaient infester ses côtes ; ce qui l'engagea à joindre ses deux galères à celles de la Sicile, avec lesquelles il courut la mer autour des îles de Trapani, et en repartit avec ses deux galères le 20 septembre. Il passa par Cortron d'où il découvrit les deux galiotes du fameux corsaire Caragiali, qui, averti à temps, se sauva sur celle qu'il montait, et l'autre commandée par Messel Caragia, renégat albanois, fut prise avec quatre-vingts Turcs. Les Chrétiens qui composaient la chiourme furent tous licenciés à leur arrivée à Malte. Romegas avait fait vœu de donner aux religieux le premier esclave mahométan qu'il prendrait ; le sort tomba sur un qui avait le bras estropié, ce que cet esclave attribua à la vengeance divine, qui l'avait ainsi frappé à cause des mauvais traitemens qu'il avait fait éprouver aux Chrétiens. Ces réflexions et les bons exemples qu'il avait sous les yeux dans le couvent, le déterminèrent à embrasser la religion chrétienne.

Vertot, liv. 12.
J. Baudouin, liv. 16.

Une nouvelle prise faite peu de temps après par les chevaliers, acheva d'irriter Soliman et hâta son armement. Après la conquête du Pignon de Velés, les cinq galères de la religion commandées par le général de Giou, et les deux du grand maître qui étaient aux ordres de Romegas, s'étant jointes et voguant de concert, rencontrèrent entre les îles de Zante et de Céphalonie un puissant galion chargé des plus riches marchandises de l'Orient, et qui, pour sa défense, avait vingt gros canons de bronze, un grand nombre de moindre calibre, des bons officiers d'artillerie et plus de deux cents janissaires, tous excellens arquebusiers. Ce vaisseau était commandé par le rais Bayran Ogli, et appartenait au Kuslir Aga, chef des eunuques noirs du sérail, le ministre des plaisirs de son maître, et le gardien des beautés qui y sont destinées : plusieurs même de ces dames étaient intéressées dans ce galion. Le général de Giou qui se voyait à la tête d'une escadre de sept galères, fit d'abord tirer un coup de canon sans balle, afin que le capitaine de ce vaisseau amenât; mais les Turcs répondirent d'un autre coup portant balle, et ils arborèrent aussitôt leur pavillon et toutes leurs enseignes, comme une déclaration de guerre et une marque qu'ils étaient résolus de se battre. Le général de Giou et le commandeur de Romegas voyant bien qu'ils ne se rendraient maître de ce vaisseau que par la force des armes, firent leur plan d'attaque, et convinrent qu'ils se présenteraient les premiers avec leurs capitanes; qu'après avoir fait leurs décharges le plus près qu'ils pourraient, ces deux galères seraient relevées par les deux patrones, et celles-ci par les trois dernières; en sorte que le feu fut continuel et sans relâche; mais cet ordre du combat fut mal observé par la jalousie et l'émulation des deux généraux, qui, sans agir de concert, comme ils en étaient convenus, se flattaient d'emporter seuls et à l'envie l'un de l'autre tout l'honneur de cette victoire. La capitane du général de Giou s'étant portée jusques sous la poupe de ce grand vaisseau, se vit en un moment couverte de feux d'artifice, et les chevaliers et soldats accablés de coups de pierre et de mousquets. Le canon même chargé à cartouche en tua un grand nombre, en sorte que le général fut obligé de s'élargir en mer. Romegas de son côté attaqua le galion avec son intrépidité ordinaire; mais un coup de canon parti de ce vaisseau renversant la rambade, tua vingt-deux soldats, et un autre coup en fit sauter vingt autres dans la mer. Romegas craignant d'être coulé à fond par un gros canon qu'il voyait braqué à fleur d'eau, prit, quoique à regret, le parti de s'éloigner. Pour lors les deux patronnes s'avancèrent à leur tour; chacune de son côté et de concert s'attacha au galion, et fit un feu si terrible sur les janissaires, qu'il y en eut plusieurs de tués ou mis hors de combat; mais cette courageuse milice, dont le corps entier fait la principale force de l'empire ottoman, se battit toujours avec la même intrépidité; il fallut que les deux patronnes appelassent à leur secours les trois dernières galères. Cependant les deux commandans rétablirent leurs capitanes maltraitées, et recommencèrent le combat avec une nouvelle fureur. Il dura cinq heures entières, sans qu'on pût démêler quel en serait l'événement; et quelque valeur que fissent paraître les chevaliers, peut-être auraient-ils été obligés de se retirer sur leur perte, si les Turcs avaient pu se servir de toute leur artillerie; mais quelques-unes de leurs pièces, par l'avarice des marchands, s'étaient trouvées embarrassées dans des ballots de marchandise; leurs canonniers n'en purent tirer du service, et le feu des galères devenant supérieur, les chevaliers à la fin entrèrent dans le vaisseau, et s'en rendirent les maîtres. Cette victoire fut ensanglantée par la mort de plus de cent vingt Chrétiens, chevaliers ou soldats. Les Turcs, sans les blessés, y perdirent quatre-vingts janissaires, plusieurs officiers, et entre autres un ingénieur qui, par son courage et son habileté à pointer le canon, avait eu plus de part à cette vigoureuse défense que le capitaine même du vaisseau. Comme ce galion avait été très-maltraité pendant le combat, on l'amarina afin qu'il fut en état de naviguer.

J. Baudouin, c. II.

Le mauvais état des galères et du galion après le combat déterminèrent le général de Giou et le commandeur de Romegas à tirer vers Malte, pour réparer les pertes qu'ils avaient souffertes : ils en prenaient la route, lorsqu'ils furent informés que Dragut croisait dans ces parages avec une forte escadre; et comme ils n'étaient pas assez en force pour se compromettre en passant le long du Cap Passaro, ils firent voile vers les mers de Saragosse afin de pouvoir se rendre à Malte avec plus de sureté. Chemin faisant ils découvrirent deux galiotes auxquelles ils donnèrent la chasse; comme elles fuyaient par le canal de Malte, elles feignirent d'attirer les Maltais dans une embuscade; mais Romegas s'étant aperçu de leur stratagème, alla son train; il en atteignit une, et comme il était à même de l'aborder, il fut forcé de retrograder sur un signal que lui en fit le général de Giou trompé par un faux avis qu'avait reçu le capitaine Laroche : le déplaisir de Romegas fut extrême de laisser échapper une proie qu'il tenait pour assurée. Il fut chargé de conduire à Malte le galion avec ses deux galères, et les autres n'y arrivèrent que le 3 de juillet.

Ibidem.

Romegas, ennemi de l'oisiveté, ne tarda pas à se remettre en course; il tira vers l'Albanie, où il prit un caramoussali turc chargé de Nègres et de bonnes marchandises, et amena le tout à Malte, où il arriva très à propos; car Dragut qui l'avait attendu avec dix-sept voiles au Cap Passaro et au canal, ne l'ayant pu rencontrer, s'en alla de dépit faire une tentative sur le canal du Gose; mais le grand maître averti à temps y envoya un renfort, ce qui obligea Dragut de se rembarquer.

Les succès multipliés de la religion, la victoire mémorable que ses galères remportèrent sur les Turcs, et les plaintes amères portées par le Kuslir Aga et et les Odalisques ou favorites du grand seigneur sur la perte du gros galion dans lequel elles étaient si fort intéressées, décidèrent Soliman, déjà irrité contre l'ordre, à faire dans le cours de l'année suivante le siége de Malte. Le grand maître, qui n'ignora pas cette ferme résolution, ne négligea rien de tout ce qui peut contribuer à une bonne défense : il envoya Romegas avec ses deux galères au Levant pour épier les mouvemens des Turcs. En entrant dans l'Archipel, Romegas prit un navire de Barbarie chargé de Turcs et de Maures, et le lendemain il attaqua deux caramussali turcs, vaisseaux de guerre chargés d'un grand nombre de bons soldats et de toute sorte de provisions de guerre destinées pour Tripoli. La défense fut opiniâtre; il s'y fit un grand carnage de part et d'autre : les Turcs firent payer cher leur défaite; mais à la fin ils succombèrent et furent emportés de vive force. Romegas, après le combat, voyant que la plus grande partie des siens étaient blessés, jugea à propos de ne pas passer outre; il fit amariner les trois vaisseaux pris, et rentra à Malte au mois d'avril avec ses prises.

Ibidem, chap. III, p. 473 et suiv.

Le grand maître, enflé par le succès des armes de la religion, forme le projet de s'emparer de l'île et du fort de Malusie où était située l'ancienne Épidaure fameuse par le temple d'Esculape. Il donne le commandement des vaisseaux à Romegas, qui a sous ses ordres les deux galères du grand maître, la galiote du Rais Concini Issuf, deux brigantins et la frégate ordinaire des galères. Les troupes de débarquement sont aux ordres du commandeur de Valete, qui doit rester dans la forteresse, si elle est prise. Une horrible tempête, qui dura pendant trois jours, fit avorter cette expédition : tous les vaisseaux manquèrent de périr, et les deux brigantins furent submergés malgré tous les soins du commandeur de Romegas. Soliman ayant appris que Malte menacée d'un siége prochain osait encore former des entreprises au dehors, en conçut la plus vive indignation, et jura dans sa colère qu'il allait exterminer l'ordre.

Ibidem, chap. IV, p. 476 et suiv.

Cependant tout est en mouvement à Malte; le grand maître prépare tout ce qui peut contribuer à une bonne défense : on est instruit que l'armée de Soliman, forte de trente-huit mille hommes de débarquement, a déjà passé le détroit de Gallipoli; les bâtimens de la religion ne cessent d'aller chercher des munitions de guerre et de bouche, et des secours d'hommes, dont on fait en Italie des levées que le général de Giou fait passer sur les galères avec du bois de toutes les espèces, soit pour le radoub des affûts de canon, soit pour des fascines et des gabions. Le tout arrive à Malte le 29 avril 1565. Romegas vient d'un autre côté avec nombre de petits vaisseaux chargés de froment, ainsi que Don Juan de Cordoue, général des galères de Sicile, qui laisse pour la défense de la place deux cents vieux soldats espagnols. Ce général avant de quitter Malte fit le tour de l'île, sonda et mesura toutes les

Ibidem.

cales et plages pour s'assurer du lieu le plus propre au débarquement du secours, et pour en porter le plan au vice-roi de Sicile, avec lequel il avait été convenu qu'il fournirait pour la défense de la place un corps de mille vieux soldats et un approvisionnement de blé, et réciproquement le grand maître devait envoyer au vice-roi sept galères, que Romegas lui refusa par son ordre, attendu qu'il était prévenu que les mille vieux soldats devaient être suppléés par deux mille recruards sans expérience.

Vertot, hist. de Malte, liv. 12. J. Baudoin, chap. 7, p. 477 et suiv.

Ce fut le 18 de mai de l'année 1565 que la flotte des Turcs parut à la hauteur de Malte; elle était composée de cent cinquante-neuf vaisseaux à rame, tant galères que galiotes, et chargée de trente à trente-huit mille hommes de débarquement, janissaires et spahis, les plus braves soldats de cette nation. Un nombre considérable de vaisseaux de charge suivaient la flotte et portaient la grosse artillerie, les chevaux des spahis, et les munitions de guerre et de bouche. La descente se fit à la cale de Marsa-Siroc, où l'armée débarqua en bonne ordonnance le lendemain de grand matin. Le grand maître donna des ordres pour troubler l'ennemi pendant la descente, et s'y opposer, s'il était possible. Le général de Giou et le commandeur de Romegas sortirent du port avec leurs galères en bataille, les bannières déployées, pour reconnaître ce formidable ennemi. Les postes pour la défense de la place furent départis à chaque langue. Celui des cuves fut confié à Romegas pour le garder avec les soldats de sa galère, y placer son artillerie et défendre l'entrée du grand port.

Comme notre intention se borne à rapporter les faits militaires du commandeur de Romegas, qui a beaucoup contribué à la défense de Malte, nous nous contenterons de rapporter ceux où il a quelque part; et si quelquefois nous nous écartons de ce plan, ce sera pour donner plus de liaison à son histoire.

Ibidem, chap. 8, pag. 489 et suiv.

Le grand maître ayant reçu un avis salutaire d'un renégat, ordonna au maréchal de Copier de faire une vigoureuse sortie, qui lui réussit; il repoussa les Turcs jusqu'à Marsa-Siroc, fit sa retraite en bon ordre, et renvoya sa cavalerie à la vieille cité. Les Turcs s'étant approchés de nouveau, le maréchal eut ordre de se porter sur eux avec six cents arquebusiers, les capitaines Romegas et Laffier-Medran, et de se loger dans l'église Sainte-Marguerite, située entre les bastions de Provence et d'Auvergne. Cette seconde attaque fut encore plus fatale aux Turcs; ils furent repoussés avec une perte très-considérable.

Ibidem, liv. 17, chap. 5 et 6, p. 511 et suiv.

Le fort Saint-Elme était aux abois; les assauts multipliés ayant fait périr la plus grande partie de ses défenseurs, le grand maître ordonne une tentative pour le ravitailler; il fait partir cinq barques chargées d'hommes et de munitions de toute espèce, commandées chacune par un capitaine des plus expérimentés. Romegas, pour commander la première, quitte son poste des cuves dont l'artillerie a fait des merveilles pendant le cours du siége. Le projet est éventé ; Mustapha fait border le rivage de son artillerie et d'un gros corps de mousquetaires ; Piali-Bacha s'y porte lui-même avec quatre-vingts galères, un grand nombre de frégates et d'autres vaisseaux, et fait sur celles de Malte un feu si terrible, qu'il fut impossible de pénétrer, et peu s'en fallut que Romegas, qui conduisait la première barque et qui s'obstinait à passer, ne fut pris et réduit à l'esclavage. Le grand maître, outré de ne pouvoir secourir ce fort, s'adressa encore à Romegas pour qu'il tâchât d'y porter du secours ; celui-ci, sans perte de temps, mit tout de suite la main à l'œuvre pour armer la grosse barque ; mais les Turcs qui connaissaient l'état de la place, dès le lendemain 23 de juin, à la pointe du jour, montèrent à l'assaut avec des grands cris, et comme allant à une victoire qu'on ne pouvait plus leur disputer, et se rendirent maîtres de ce poste par la mort du dernier chevalier.

Le secours que Don Juan de Cordoue avait promis arrive enfin ; mais quel moyen de l'introduire dans une place investie de toutes parts : la chose n'étant pas praticable par terre, le grand maître prévit qu'en le faisant venir à Renelle, on pourrait, à l'aide des barques, le faire entrer dans le bourg ; cette résolution prise, il charge Romegas de l'exécution : en conséquence, le secours s'achemine vers Renelle, où Don Juan n'ayant pas trouvé les barques à son arrivée, et prévoyant qu'à la pointe du jour il serait découvert, il tomba dans la plus grande perplexité, quand tout à coup il aperçut les sentinelles que Romegas avait placées tant pour observer l'ennemi que pour reconnaître le secours. Dès que la jonction fut faite, ils s'embarquèrent aussitôt ; mais malgré les précautions dont Romegas avait usé, il fut aperçu du fort Saint-Elme, d'où on lui tira beaucoup de canon sans l'offenser. Il conduisit à bon port le secours sous le poste d'Allemagne, dans lequel il fut introduit par une poterne ouverte à cet effet, et de là dans le grand bourg.

Ibidem, chap. 8, pag. 520 et suiv.

Pendant que Romegas se signalait par diverses entreprises, un de ses parens, issu du même sang, le commandeur Olivier d'Aux, surnommé du Bournay, soutenait avec intrépidité l'éperon Saint-Michel ; ce poste avait déjà perdu pendant l'assaut une partie de ses défenseurs, quand le grand maître, averti de cette extrémité, y envoya du secours ; les soldats ne l'eurent pas plutôt aperçu, qu'ils se mirent à crier secours et victoire, et soutinrent vigoureusement le commandeur d'Aux, l'un des agozins, qui, avec un petit nombre de soldats et de chevaliers, chargea si furieusement les ennemis, qu'il les repoussa et les chassa hors du rempart ; en quoi, dit Jean Baudoin, le principal honneur de la conservation de ce poste fut attribué au commandeur d'Aux.

Ibidem, chap. 11, pag. 528 et suiv.

A mesure que le siége avançait, le grand maître redoublait ses mouvemens, pour faire face de tous côtés. S'étant aperçu que le poste de Castille était le plus faible, et que tous les jours il devenait plus scabreux, il en retira la

Ibidem, liv. 18, chap. 7, p. 550 et suiv.

compagnie du chevalier de Vasin-Malabalie, qui était composée des marchands et des bourgeois du Bourg, et les mit à l'éperon de l'île, où il n'y avait rien à craindre. Il tira de ce poste le chevalier de Claramon qu'il envoya avec sa compagnie composée de bons soldats à celui de Castille, qu'il renforça encore de la compagnie de Lusercles et de la moitié de celle de la galère de Romegas, qu'il logea auprès de Boninsegny, et donna le commandement aux capitaines Romegas et Gasconi, qui devinrent les puissans défenseurs de ce poste, qui essuya dans les assauts multipliés les plus grands efforts des Turcs. L'acharnement de l'ennemi en rendit la défense si épineuse, que le grand maître vint se joindre à ces deux braves capitaines, et y fut blessé.

Ibidem, liv. 19, chap. IV, p. 573 et suiv.

La ferme résistance des assiégés, les pertes considérables des assiégeans, et l'arrivée d'un nouveau secours de Sicile, ayant obligé les Turcs de lever le siége et de se rembarquer, ils apprirent par un renégat Sarde que le secours n'était pas considérable; ils débarquèrent seize mille hommes des plus lestes de l'armée, avec lesquels ils se proposaient de tomber à l'improviste sur les Chrétiens; mais le grand maître, averti à temps par un renégat qui se rendit à Malte pour rentrer dans le sein de l'Église, fit avorter leurs desseins. Les Turcs furent entièrement défaits et poursuivis jusques aux bords de leurs galères. L'extrême diligence dont ils usèrent dans la levée du siége, pour retirer leurs postes, les sauva d'un autre échec. Romegas, par ordre du grand maître, se porta avec sa compagnie et celle du chevalier Malabalie sur le fort Saint-Elme: il devait l'attaquer; mais il trouva la place évacuée; il s'en empara sans opposition, et y arbora l'enseigne de la religion.

Ibidem, chap. 8 et 9, p. 584 et suiv.

La fuite précipitée de l'ennemi ne fut pas pour les Maltais un signal de repos. On profita de ce calme pour réparer les fortifications et construire la cité neuve. Tout était en mouvement à Malte, lorsque le bruit du retour des Turcs fut généralement répandu. Romegas fut envoyé sur sa galère au Levant pour prendre des instructions; mais il n'en rapporta que des avis douteux et incertains. Cependant le bruit s'était tellement accrédité dans toute l'Europe que Soliman venait en personne pour assiéger Malte, que de toute la Chrétienté il arrivait pour sa défense un grand concours de gentilshommes. Les Français ne furent pas les moins zélés; ils se rendirent à Saragosse et frétèrent douze brigantins pour les passer. Romegas de retour du Levant, fut envoyé à leur rencontre, les recueillit au cap Passaro, les fit entrer dans sa galère, et les amena à Malte.

Ibidem, chap. 11, pag. 592 et suiv.

Pendant les craintes d'un nouvel orage, les forces maritimes de la religion ne demeurèrent pas oisives: le 20 août 1566, quatre galères de Malte partirent pour se joindre à celles de don Garcias de Mendose à Saragosse, où devait être le point de réunion. A leur arrivée, le général des galères de la religion et Romegas apprirent que Don Garcias en était parti depuis trois jours, qu'il avait pris la route du cap Sainte-Marie, pour entrer dans le golfe de Venise; ayant promptement pris des vivres, ils suivirent la route qu'avait tenue Don Garcias jusqu'à la côte méridionale de la Calabre, et ne le joignirent qu'à Messine. Le commandeur de Romegas passa outre; il s'avança dans le Levant pour observer les mouvemens des Turcs; et dès qu'il fut parfaitement instruit, il partit en diligence et rentra dans le port de Malte le 2 octobre 1566, portant la nouvelle certaine de la mort de Soliman, qui avait terminé son illustre carrière devant Zigeth en Hongrie.

Ibidem, p. 596.

Dans les premiers mois de l'année suivante il survint un accident au gros galion, qui manqua de le faire périr avec sa charge et ceux qui le montaient; on s'aperçut en mer qu'il faisait tant d'eau qu'on ne pouvait y mettre ordre, quoiqu'on l'eût allégé de seize pièces de canon et de partie de sa charge: l'eau augmentait si fort, qu'on fut obligé de faire descendre dans la mer un calfat, qui l'ayant visité de plus près, y remédia assez pour lui donner le temps de gagner l'île de Galite, près de la Barbarie, où il fut mis en état d'arriver en cinq jours à Trapani, d'où le chevalier de Beauchatel qui le montait écrivit au grand maître quel était l'état du vaisseau et le besoin qu'il avait de secours. Le grand maître y envoya Romegas avec deux galères pour en tirer les passagers, l'argent et ce qu'il y avait de plus précieux. Romegas le trouva en meilleur état qu'il ne l'avait imaginé, le ramena de conserve, et chemin faisant donna la chasse à deux brigantins turcs qui poursuivaient deux vaisseaux chrétiens. Il prit les deux brigantins, fit esclaves les Turcs, délivra les Chrétiens qui s'y trouvèrent, et amena le tout à Malte, où il arriva le 6 mars 1567.

Ibidem.

Quelque temps après, Romegas partit, ayant sous ses ordres cinq cents hommes de débarquement, pour une expédition contre la ville de Zuaga en Barbarie. Il avait à ses ordres les deux galères du grand maître, une troisième montée par le commandeur de Saint-Aubin, et la quatrième par le chevalier Pierre d'Esparbès de Lussan. Dès qu'ils furent arrivés au lieu de leur destination, Romegas mit à terre les cinq cents hommes sous la conduite de Saint-Aubin, et donna l'enseigne au chevalier Raymond de Goson Melac; mais la chose ne réussit qu'en partie; ils furent découverts par un Maure qui puisait de l'eau, qui courut avec précipitation à la ville, où il donna l'alarme. Ils y enlevèrent cependant beaucoup d'esclaves, des vivres, et un bâtiment chargé de toiles et autres marchandises, et le même jour il se remit en course avec Saint-Aubin. Ils avancèrent dans le Levant jusqu'au cap de Cerigo sans faire de rencontre: là Romegas détacha sur une saïque le capitaine Faucon pour en reconnaître la cale où il aperçut deux galères turques, l'une de dix-huit et l'autre de vingt bancs. La moindre prit dans le moment chasse vers la terre et fut prise par Saint-Aubin sans coup férir; l'autre ayant fui vers le cap

Ibidem, chap. 2, pag. 598 et suiv.

Saint-Ange, fut suivie par Romegas, qui l'eut bientôt atteinte. Le combat fut très-sanglant de part et d'autre; la chance tournait mal pour les Turcs quand Saint-Aubin arriva : il attaqua la galère turque par la misaine et y tira un coup de canon chargé à balle qui mit les Turcs dans une confusion épouvantable, et les força de se rendre à la merci des vainqueurs. Cette galère était montée par le brave Mamy, leur rais. En rentrant au port de Malte, Romegas voulut que Saint-Aubin tirât les deux prises afin de lui en laisser l'honneur.

Ibidem, chap. 4, pag. 604.

Romegas amena à Malte le prieur d'Hongrie, rendit compte au grand maître de l'état des forces de Selim, successeur de Soliman, et de leur emploi, et lui prouva son impuissance à rien entreprendre pour cette année contre la religion. Le grand maître jugeant que ces avis pourraient être intéressans pour le gouverneur de la Goulete, qui pourrait faire quelque entreprise, y envoya Romegas pour lui en faire part. Celui-ci, à son retour, s'empara d'un vaisseau Mauresque chargé d'huiles et de quarante-cinq Maures.

Ibidem.

Le successeur de Soliman en héritant de son trône, n'hérita ni des vertus guerrières de son prédécesseur, ni de sa haine pour l'ordre. Aussi le grand maître, instruit par des intelligences secrètes que Selim ne projetait rien contre lui, donna aux commandeurs et chevaliers qui désiraient revoir leur patrie la liberté d'y aller chercher un repos qu'ils avaient si bien mérité. Un motif plus louable détermina le commandeur de Romegas à se rendre dans la sienne, dans une circonstance où il pouvait la servir utilement. Il n'ignorait pas que le comte de Montgomeri, avec un corps d'armée composé de protestans, la déchirait par une guerre cruelle, et que M. de Montluc avait levé des troupes pour s'opposer à ses incursions. Il s'embarque sans perdre de temps, et se rend en Guienne, où son humeur guerrière ne lui laisse aucun repos jusqu'à ce qu'il ait joint M. de Montluc, son parent.

Romegas rentrait à peine dans le sein de sa famille, lorsqu'il apprit l'entreprise des protestans contre la personne du roi, et les soins que M. de Montluc se donnait pour la faire échouer, et pour en faire passer l'avis à Toulouse, où la cour résidait alors : il est instruit que M. de Montluc assemblait la noblesse; qu'il pourvoyait à la ville et château de Lectoure, afin que les ennemis n'y pussent rien entreprendre pendant qu'il marcherait au secours du roi. Romegas part sur le champ, et eut joint M. de Montluc le même jour, sans un empêchement qui ne lui permit d'arriver que le lendemain. C'est ainsi que le rapporte M. de Montluc dans ses commentaires. » Faisant ces dépêches,

Comment. de Montluc, liv. 6, f. 84.

» arriva M. de Lachapelle, vice-sénéchal, et M. de Romegas, qui s'était
» tant fait remarquer à Malte, lesquels avaient demeuré toute la nuit à cheval,
» parce qu'un huguenot, à qui ledit sieur de Lachapelle avait sauvé la vie,
» le vint avertir qu'ils marchaient à minuit droit à Lectoure, et que le sénéchal
» les mettrait dedans par la fausse porte. Ils montèrent incontinent à cheval,

» car ils sont voisins, et se jetèrent dans un bois, d'où ils découvrirent ces » gens qui s'en allaient en effroi, n'en osant sortir, parce qu'ils n'étaient que » sept ou huit chevaux; et comme il fit jour, prirent leur chemin vers la » ville de Lectoure, inçois qu'ils pensassent qu'elle fût prise, auprès de laquelle » ils eurent avis que j'étais dedans ».

M. de Montluc, ayant en vue quelque entreprise sur le Mont-de-Marsan, en fut détourné par M. le maréchal d'Amville, qui lui fit dire qu'il partait dans deux jours pour s'en retourner; mais comme la présence de son armée en imposait et facilitait l'exécution des projets de M. de Montluc, il lui dépêcha M.rs le vicomte de Labatut, le commandeur de Romegas, de Savignac, d'Arblade et Lamote-Gondrin, pour l'engager à rester encore quelques jours, ce qu'ils ne purent obtenir, quelques bonnes raisons qu'ils lui alléguassent; ils fut moins difficile pour prêter les deux pièces de canon qu'ils lui demandèrent. *Ibidem*, liv. 7, f. 153.

Romegas ne quitte plus M. de Montluc; il le suit à son expédition du Mont-de-Marsan; il s'empare de plein abord de six maisons situées hors de la ville; dissipe un détachement qui était venu pour y mettre le feu, et passe la rivière avec M. de Montluc, qui ordonne l'escalade d'une partie de la ville dont on s'empare. Cependant l'ennemi restait encore en possession de l'autre partie coupée par la rivière, et du château, et se proposait de s'y maintenir, lorsque M. de Montluc fit ses dispositions pour les attaquer. Voici comment il s'exprime : » j'entrai toujours jusqu'à la moitié de la jambe dans l'eau, faisant » semblant de vouloir passer, comme faisaient M.rs de Brassac, le chevalier de » Romegas, et tous les autres gentilshommes qui étaient avec moi. Les nôtres » n'eurent pas plutôt gagné le pied de la muraille, qu'ils la gravirent, et » les ennemis prirent tellement l'épouvante, qu'ils se retirèrent au château. » Les nôtres les poursuivirent et en firent un grand carnage dans leur fuite; » comme je les vis dedans, je m'en revins dans la rue, étant si las, que » de ma vie je ne m'étais trouvé en tel état, et connus bien qu'il ne fallait » plus parler de porter les armes, car je cuidai tomber dix fois en la rue. » Le chevalier de Romegas et le capitaine Fabien, mon fils, m'amenèrent par » dessous le bras à la maison de Jouca, où sa femme m'apprêta promptement » un lit et me mis dedans : comme le chevalier de Romegas et mon fils » m'eurent remis entre les mains de mes serviteurs, ils s'en allèrent à l'exé- » cution du château. J'ai vu le temps, dis-je à ce brave chevalier, que pour » une telle journée je n'eusse quitté ni casque, ni corselet, et s'il y avait eu » apparence de danger, j'eusse passé la nuit dans cet état; mais il n'y a » plus ordre : faites vous autres jeunes gens ce que les vieux ne peuvent faire. » Étant tous mes habillemens entre secs, et ayant demeuré une demi-heure » au lit, je me levai et habillai. Arriva M. de Savignac et le capitaine » Fabien, pour me dire que ceux du château se voulaient rendre, et voir *Ibidem*, f. 154 et suiv.

» si je trouvais bon qu'on les prît à merci ; je leur dis qu'ils allassent capituler » comme bon leur semblerait, que je signerais leur capitulation. Mais pendant » que l'on parlementait, les soldats trouvèrent le moyen d'y pénétrer, et ils » égorgèrent tout, excepté le capitaine Fabas, qui parlementait, et qu'on trouva » moyen d'ôter de leurs mains ».

Ibidem. C'en était fait de la province de Guienne, si M. de Montluc, écoutant son ressentiment particulier, eût abandonné à M. le maréchal d'Amville les fonctions de la lieutenance de roi, de laquelle il venait de le priver par ses intrigues. M. de Montluc était trop bon patriote pour abandonner la partie ; d'ailleurs il ne pouvait se déguiser que lui seul pouvait conserver au roi cette province ; avec le secours de toute la noblesse qui se serait sacrifiée sous un tel chef. Il continua donc sans titre les fonctions de cette charge, et trouva toujours la même obéissance ; il prit tous les moyens pour résister en même temps à M.[rs] les princes et au comte de Montgomeri. Voici comment il s'exprime : » ayant donc entendu le chemin que M.[rs] les princes prenaient, sans déclarer » ma volonté à personne, étant au logis de M. de Gondrin, à Lectoure, où » il était malade, je fis venir M. de Panjas, le chevalier de Romegas et le » chevalier mon fils, et leur dis que j'étais vieil et ne pouvais prendre peine » si le siége nous venait ; et que pour me soulager, je voulais toujours laisser » la charge de gouverneur à M. de Panjas, pour la police de la ville ; et quant » à la défense et ce qui serait besoin, ledit chevalier de Romegas et ledit » chevalier mon fils, d'autant qu'ils s'étaient trouvés au siége de Malte, le » plus furieux qui ait jamais été depuis qu'il y a eu artillerie au monde, et » entendaient mieux la défense et ce qu'il fallait faire que moi-même ; que tous » étaient compagnons du même ordre de St.-Jean de Jérusalem ; qu'ils s'ac- » corderaient bien ensemble, et que ledit chevalier mon fils obéirait à celui » de Romegas, parce qu'il était plus vieil que lui et avait commandé sur mer » en plusieurs combats où mon fils s'était trouvé près de lui (à la vérité » c'est un homme plein de cœur et de courage autant qu'autre que j'aie jamais » connu). Cependant je voulais courir jusques à Agen, pour y mettre l'ordre » qu'il fallait tenir à se défendre ».

La présence de M. de Montluc était effectivement bien nécessaire à Agen ; les habitans, intimidés de l'arrivée prochaine de M.[rs] les princes, étaient à même de déserter leur ville et de se retirer à Bordeaux et à Lectoure. Il leur tint le discours le plus pathétique pour les amener à une ferme résolution ; mais ce qui acheva de les décider, c'est qu'il ajouta qu'il était venu pour défendre leur ville. Il écrivit de suite aux divers commandans des places ; et comme Lectoure était la plus importante, nous rapporterons ce qu'il dit à ce sujet. » Trois ou quatre jours après j'écrivis à ces M.[rs] qui avaient charge » de Lectoure, et principalement au chevalier de Romegas et au chevalier

Ibidem, fol. 368 et suiv.

» mon fils, les exhortant d'employer tout ce qu'ils avaient pu apprendre au » siége de Malte, et ne faire moins qu'ils avaient fait, parce que plus d'honneur » auraient-ils sans comparaison de faire service au roi et à leur patrie que » non pas au pays étranger. Je priai tout le monde de leur obéir, attendu » qu'il n'y avait personne là dedans qui se fût trouvé en siége, sinon eux. » Et de ma part, j'étais délibéré de ne bouger d'Agen, et de mourir là pour » le défendre. Ils furent fort ébahis de ma lettre; ils la communiquèrent » tous ensemble, m'écrivant incontinent une signée des seigneurs de Gondrin, » de Panjas, de Romegas, de Lamote-Gondrin, de Maignas et du chevalier » mon fils, par laquelle ils me mandaient qu'ils trouvaient tout étrange que » je voulusse tant m'oublier que de m'engager dans une ville si faible comme » Agen, et si dominée de montagnes; que pour tout certain l'artillerie était » partie de Navarreins, et les cinq pièces qui étaient à Nogaro n'avaient » bougé, attendant l'arrivée des autres; et me priaient d'aller à Lectoure, et » que les chevaliers de Romegas et mon fils iraient se jeter dans Agen; la » perte desquels avenant, ne serait de si grande importance comme de lui, » parce qu'ils étaient jeunes, et par conséquent bien délibérés; d'ailleurs que » si j'abandonnais la campagne tout le demeurant du pays serait ruiné et » perdu ».

Les représentations de ces M.rs furent sans effet; M. de Montluc ne jugea pas à propos d'y avoir égard. Il fut forcé par les circonstances de rappeler son fils, qu'il envoya à Villeneuve, que M.rs les princes avaient déjà sommé de se rendre. Les habitans résolus demandaient un chef expérimenté pour défendre leur place; il écrivit au chevalier de Romegas qu'il fît tout seul ce que son fils et lui auraient fait ensemble. *Ibidem*, f. 174.

Après la prise de Rabastens, M. de Montluc, qui avait été dangereusement blessé, se démit de son gouvernement de Guienne, se retira dans ses terres, et profita de son loisir pour écrire ses commentaires, que son éditeur dédia à la noblesse de Gascogne, dont il fait l'apologie. Dans l'énumération des grands hommes qu'elle a produit, il mentionne honorablement le commandeur de Romegas, sous les ordres duquel le chevalier de Montluc fit ses premières armes. M. de Montluc n'en parle jamais qu'avec enthousiasme; il était bien digne appréciateur du mérite : ses éloges seront toujours d'un grand poids.

L'état était à peine tranquille, et Romegas rendu à sa famille, lorsqu'on lui écrivit de Malte qu'il s'était élevé un grand différent entre plusieurs commandeurs de la langue de Provence, au sujet du grand prieuré de Toulouse, et qu'il avait été fait général des galères de la religion. Cette place était trop conforme à son goût, pour lui permettre de rester plus long-temps dans sa patrie, sur-tout depuis qu'elle n'avait plus besoin de ses services; que le calme y était rétabli : il part, va prendre possession du généralat au grand con- Vertot, hist. de Malte, tom. 4, p. 110, année 1575.

tentement de l'ordre, dont il avait si bien mérité la confiance par une suite de succès qui ne l'abandonnèrent pas dans le commandement des escadres de la religion. Quelques années après, le grand prieuré de Toulouse ayant vaqué, le commandeur de Romegas en fut pourvu, ainsi que de celui d'Irlande. Son ambition était remplie; il occupait les premières charges de la religion, lorsque le mécontentement général de l'ordre éclata contre le grand maître de Lacassière, dont l'esprit baissait journellement. Le conseil, soutenu de la plus grande partie du couvent, avant de prendre un parti, crut devoir mettre en œuvre les voies d'honnêteté et de douceur, et à cet effet envoya au grand maître des députés pour lui proposer, eu égard à son incapacité dans le gouvernement, de nommer un lieutenant. Sur son refus, le conseil complet s'assemble chez frère Cressin, prieur de l'église, et nomme pour lieutenant du magistère frère Mathurin de Lescout, surnommé Romegas, prieur de Toulouse et d'Irlande, général des galères de la religion. Romegas, appelé par l'unanimité des suffrages et les vœux des citoyens de l'île, accepte la dignité, et en remplit dignement les fonctions jusqu'à ce que quelques commandeurs, jaloux de son élévation, se mirent en tête de rétablir Lacassiere, se flattant que, restaurateurs de son autorié, sous une administration aussi faible, ils disposeraient de toutes les grâces. Ils dépêchèrent à Rome, représentèrent au Pape, supérieur souverain de l'ordre, que le conseil complet avait été gagné par une cabale dont Romegas était l'ame, et qu'il faisait mouvoir à son gré. Le Pape, prévenu par ces inductions, envoya à Malte Gaspard Visconti, auditeur de rote, revêtu du caractère de nonce, qui, à son arrivée, convoqua l'assemblée de tout le couvent, et lui fit part des deux brefs dont il était le porteur, l'un pour Lacassiere et l'autre pour Romegas, par lesquels il leur était enjoint de se rendre à Rome. Ils s'y rendirent en effet l'un et l'autre, pour plaider devant Grégoire XIII cette grande cause, dont Dieu ne permit pas que les hommes prissent connaissance, réservant à lui seul le jugement de ce différent, qui demeura indécis. Les parties ne tardèrent pas à comparaître à son tribunal; Romegas mourut le 24 décembre 1581, et Lacassiere peu de jours après. Ils furent enterrés à Rome l'un et l'autre dans le temple de la Trinité.

Ibidem. Cependant les juges délégués dans l'île de Malte, le notaire avec les actes et les témoins venaient à Rome, lorsqu'ils firent naufrage, périrent, et tout fut submergé.

Il était donc réservé à M. l'abbé de Vertot de juger en dernier ressort, deux siècles après l'événement, un différent dont les preuves furent anéanties avant d'avoir été mises au jour, de noircir la réputation d'un grand homme qui n'a agi qu'en vertu du décret du conseil complet, comme M. de Vertot l'avoue lui-même. Où a-t-il puisé ses autorités? Les auteurs contemporains ont-ils insinué que le conseil fut gagné par la brigue, et que Romegas en

Ibidem. (marginal note beside "des députés pour lui proposer…")

fut l'ame ? Cet illustre guerrier était trop franc pour mettre en œuvre des voies obliques; disons mieux, que Vertot, par des motifs humains, a sacrifié Romegas, pour laver le grand maître Lacassiere des imputations qui avaient donné lieu à la destitution de son autorité. Les contemporains, plus sages, se sont gardés de décider; ils ont rapporté les faits, sans y ajouter des réflexions dénuées de preuves. Voyons comment s'exprime J. Baudoin, dans son histoire de St.-Jean de Jérusalem : il a pour garant le témoignage de l'évêque de Mayolle, qui était à Rome lorsque Lacassiere et Romegas y comparurent.

» Frère Jean Lévêque de Lacassiere, français, cinquantième grand maître » dudit ordre, ci-devant maréchal et chef de la langue d'Auvergne, fut élu » au magistère le 30.e jour de février 1572, et de là, quelques années » après, fut suspendu du magistère par le conseil complet, lequel élut Mathurin » de Lescut, surnommé Romegas, qui mourut à Rome le 24 décembre 1581; » et pour la suspension dudit grand maître de Lacassiere et du différent entre » lui et ledit Romegas, l'un et l'autre furent cités à Rome, et la cause évoquée » par-devant le pape Grégoire XIII. Le succès en fut admirable et prodigieux. » Dieu voulut se réserver à soi le jugement et en effacer la mémoire aux » hommes, comme a très-bien remarqué ledit évêque de Mayolle, au livre » de ses colloques (lui étant à Rome lors de l'événement de ce que dessus), » comme chose notable de la mort d'un accusateur et d'un accusé, des juges » et des témoins, et des événemens que Dieu a permis pour terminer ce » procès.

J. Baudoin, hist. de S. J. de Jerus., tom. II, liv. I, intitulé des sommaires, p. 110.

» Du temps du pape Grégoire XIII, dit l'évêque de Mayolle, il advint » une chose fort mémorable à ce sujet : Jean Lacassiere, grand maître de » Malte, fut accusé de *rebus fidei*. L'on délégua des juges qui avaient déjà » ouï des témoins en l'île de Malte; le principal accusateur était le chevalier » de Romegas; la cause fut évoquée à Rome et envoyée au Pape en l'an » 1581. J'étais à Rome quand l'accusateur et le coupable y vinrent. Mais » sur ces entrefaites une grande merveille survint; car le chevalier de Romegas » mourut le mois de décembre, et le grand maître peu de jours après, et » tous deux furent ensevelis au temple de la Trinité. Les juges délégués, » les notaires avec les actes et les témoins venaient cependant à Rome, » lorsqu'ils firent tous naufrage et périrent sans qu'aucun acte restât de ce » procès commencé, Dieu permettant que cette accusation demeurât tellement » ensevelie qu'aucune trace n'en parut jamais ».

Au liv. de ses colloques.

www.ingramcontent.com/pod-product-compliance
Ingram Content Group UK Ltd.
Pitfield, Milton Keynes, MK11 3LW, UK
UKHW021210220726
13924UKWH00003B/1435

9 782019 965907